橋の下のゴールド

スラムに生きるということ

マリリン・グティエレス著
泉 康夫訳

高文研

キリノ大通り橋

路上販売

路上図書館

手押し車

ジープニー

記念石（生命の石）

メラルコ

ペディキャブ

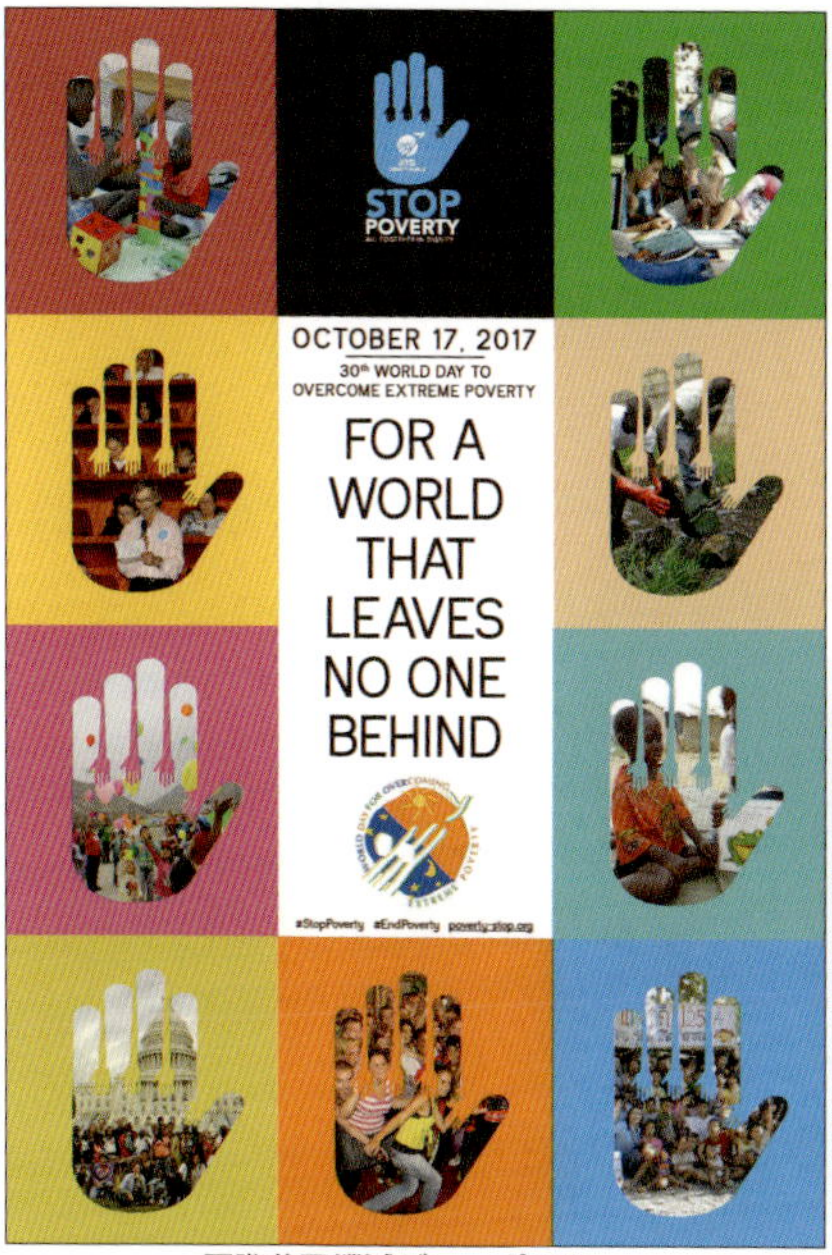

国際貧困撲滅デー・ポスター

パンシット

共同水道

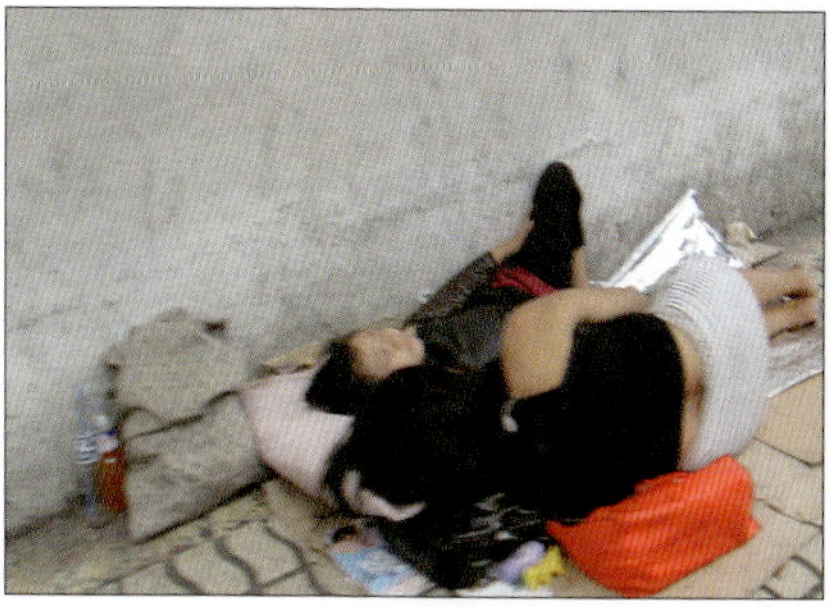

路上生活

マニラ動物園

サリサリ・ストアー

竹

Gold under the Bridge

A Story of Life in the Slums

by

Marilyn Gutierrez

Japanese translation rights arranged

with Marilyn Gutierrez

Translated by IZUMI Yasuo

Published in Japan, 2019

by Koubunken

貧困と不公正のない世界の実現に向けて
努力する力を与えてくれた弟のマーク・リーンへ

推薦のことば

ALL TOGETHER IN DIGNITY (ATD)(1)は、私たちの国ではさほど知られていません。ATDのマニラ・ボランティアはマニラの様々な地域に暮らす極貧の家族に寄り添い、地道な活動をしているからです。ATDのボランティアは二八ヵ国以上にいて、三〇〇人ほどに及びます。この活動は最初、ATDの創設者であるジョセフ・レシンスキー神父によって口火が切られました。

私は一九八九年からATDのマニラ・ボランティアと絶えず連絡を取り合ってきました。この間、週一回行う路上図書館のような子ども向けプログラムのいくつかに参加しました。路上図書館は、ATDの友人とボランィアが方々のスラム地域や橋の下に暮らす子どもたちに物語の読み語りを行う活動です。土曜の朝は美術と工芸、歌唱をして過ごします。必ずというわけではありませんが、日曜の午後は貧しい家族に集まってもらい、時にリサール公園の**記念石**(2)のそばで自分たちの考えや抱負をボランティアや友人たちとシェアしたものです。ATDのボランティアには極貧の兄弟姉妹への特別な使命感があると私はあえて申し上げたいと思います。

ATDのボランティアは、赴任した国の極貧層の生活を文字通り生きています。彼らは極貧の人々が呼吸するその同じ空気を呼吸しています。ボランティアは、彼らが深く知ることとなる貧民の生活以上に自らの生活が一変させられると伝えています。

『橋の下』の著者、マリリン・オルテガ＝グティエレスは学校の先生でした。彼女はＡＴＤの活動に時折参加していましたが、やがてフルに関わるようになり、ＡＴＤのボランティアになった方です。これは彼女が執筆した最初の本で、彼女が綴ったこの「日記」にはメルセディータ（実名ではありません）とその家族が採り上げられています。マリリンは、メルセディータの闘いと喜びを共に歩みました。

メルセディータの家族と他の一〇〇ほどの家族は、マニラ南東に位置するキリノ大通りの橋の下で暮らしています。マニラへの最初のＡＴＤボランティアだったジョハンナ・ステイドルマンが、「良き牧者の修道女会」[(3)]および、社会福祉サービスを十分に受けることのできない子どもたちの公立学校入学を支援するエルダ財団[(4)]によって貧困家庭に紹介されたのは一九八八年のことでした。メルセディータは、鉄道線路沿いやゴミ捨て場、空き地、そしてとりわけ最悪な橋の下といった不法占拠地域のバラック小屋に居住する貧しい都市住民四〇％の内の一人です。

私がこの地域を初めて目にしたのは、アメリカから来た甥といっしょに母に連れられてこの橋の下に行ったときのことでした。幅の狭い木の階段を降りると、たちまち人間の汗と生ゴミ特有の臭いが充満する真っ暗な迷路に呑みこまれました。ここでは、廃棄物で作られた狭隘な一画に人々が何年にもわたって暮らしていました。人で溢れかえったこの場所で呼吸することは困難でした。明らかに、政府による社会福祉サービスは提供されていませんでした。多くのＮＧＯがマニラで活動してはいましたが、極貧の人々の生活は何一つ変わってはいなかったのです。しかしながら、私たちは常に人々の笑顔で迎えられ、すでに粗末な食事をとっていた家族は、私たちを食事に招き入れてくれさえしました。それは、私たちにとって初の試練でした。私たちは単に「こうしたことについて知っていた」だけに過ぎず、極貧の人たちの暮らしの実態を本当には分かっていなかったのです。

メルセディータの日々の生活について読めば、この非常に貧しい人たちが、なぜ私たちが普段目にし、理解していることとは異なっているかが理解できるでしょう。困難な環境にもかかわらず、非常に貧しい人々には連帯や分かち合い、そしてレジリエンス[5]の強い意識があります。あなたもメルセディータの生活の中に彼らのその強さのいくつかを目にすることでしょう。

私のような読者の胸を深く打つのは、メルセディータと彼女の子どもたちのこうした日常のありふれた生活の物語なのです。この日記を読み、私の快適で安楽な生活は揺り動かされました。極貧の家族は未だ私たちに顧みられてはいないということを知り、私は極端に落ち着かない気持ちになりました。

この物語があらゆる年齢の人たちに読まれることを望みます。特に学校で学び、私たちの未来を形づくる機会を持つ年若い人たちに読まれることを望みます。経済的余裕はほとんどないのに、貧しい人々がいかに他人をケアし、愛し、シェアする寛大さを持ち続けるかということに私たちは学ぶことができます。

しかし、私たちはまた、多くのフィリピン人が貧困のために最低限度の生活以下の状態で尊厳なく生きているという現実に心を揺さぶられるに違いありません。だからこそ私たちはこの状況を大きく変えるための支援へと全力で邁進し、この現実を私たちのだれもが尊厳を持ち尊厳の中に生きることができる環境へと転化しなければならないのです。

これがこの本の望みです。


国際運動ＡＴＤ第四世界会長ニナ・リム・ユソン博士

■注

（1）ALL TOGETHER IN DIGNITY (ATD) は「共に尊厳を持てる社会を目指して」の意で、INTER-NATIONAL MOVEMENT ATD FOURTH WORLD（国際運動ＡＴＤ第四世界）の略称。FOURTH WORLD（第四世界）は、先進国と発展途上国双方に共通して存在する極貧の人々を表象している。

（2）記念石には「一九八七年一〇月一七日　極貧生活を余儀なくされる人々がいるということは、人権侵害が存在するということの証です。今こそ皆が連帯して人権が守られる社会を作ることが私たちの重要な責務です」というヨセフ・レシンスキー神父の言葉が刻まれている。

（3）the Good Shepherd sisters…シングルマザー・性産業従事者・スラム住民・ＤＶ・少数民族など、困窮した女性を支援するキリスト教団体

（4）ERDA(EDUCATIONAL RESEARCH AND DEVELOPMENT ASSISTANCE)…一九七四年にピエール・トリッツ神父により設立され、子どもの福祉、教育を主要事業にしている。

（5）「しなやかに生き抜く力」の意。

まえがき

「貧困は人のなせる業であるから、人だけがそれを打ち砕くことができる！」国際運動ATD第四世界の創設者であるジョセフ・レシンスキー神父のこの言葉を、フィリピンで出会った貧しい家族や友人、そして学生に対して私はよく引用します。貧困が極限状態にあって出口が見つかりそうにないとき、そしてそれがある世代から次の世代へと悪循環のようにくり返されるとき、貧困のこの受け入れがたい状況と貧困を生きる人々の狭間にあって私たちは困惑しがちになります。貧困と極貧の人々は同義となり、このことはしばしば貧しい人々を差別したり、見誤ることにつながっていきます。

『橋の下のゴールド──スラムに生きるということ』は、私がキリノ大通りでボランティアをしていた頃のスラムでの生活の報告です。タイトルの「ゴールド」という言葉は、日々の生活や闘い、そしてこの極限的な貧困からいつか抜け出したいという強い願いについて惜しげなく語ってくれたメルセディータとその家族、そして彼女の隣人たちを表象しています。彼らは私の理解を助けてくれ、貧困そのものは威張れるようなことではなく、また実際に容認しがたいものだが、貧困を克服しようとする彼らの日々の努力は、まさに彼らの人間としての尊厳を示し、証明していると言う勇気を私に与えてくれました。こうした理由から彼らは真の意味で貴く、そしてこの本の読者が非常に貧しい人々を理解し、単に貧しい人々のためにというのではなく、彼らといっしょになっていつか貧困に対して何か行動を起こされることを信念をもってお勧めします。すべての市民が人間としてその意見を求められ、尊重される社会の構築に向けて、私たちそれぞれが一定の役割を担っているのです。

この本を書き上げるにあたって励ましを頂いたフルタイム・ボランティアと友人たちのシルビア・ドーデイ、マージョリー・オーカロ、ギードリン・エイドリッドセンス、マグデレン・デ・ボナベンター、ナタリー・ベネゼット、ファビエンネ・カルバノ・ベナード、ローズ・マリー・ホフマン・チャン、キャロライン・ブルームフィールド、マリー・クレア・ドゥロース、キャシー・ロウ、ジョハンナ・ステイドルマン、ベルナデット・クルノウ、クレア・マリー・プラトーロス、ブルーノ・タデュウ、マリア・サンドゥビック、ジャン・ポール・ペティター、キャシー・ロウ、アン・ハービー、バレリー・ブラナー、ビアトリス・ノイア、ブルーノ・ダバウ、ダン&サラ・ケニンガハム、サラ・オルテガ、ザベス・ラブランド、サナ・スタ・アナ、ユージェン・ブランド、スージー・デビンス、ブルーノ・クーダーに心から謝意を表します。

メルセディータと彼女の家族にはその忍耐と寛容、そして彼らの物語を広く伝える本書の刊行を承諾してくれたことを、アンビル社にはこの物語の出版にご尽力頂いたことを感謝申し上げます。

目次

物語の登場人物はすべて実在の人物です。
氏名についてはプライバシーの観点から仮名に変えています。

プロローグ

橋の下、そこに私はいた。このコンクリートの橋の下、運河の上に建つ家々を縫うこの狭い通路を歩いていた。暗く、とても暑く、つんとくる臭いが肺に浸みてきた。頭上では自動車やトラックがかなりのスピードで走っていた。私に挨拶をしようと家々から出てきた子どもたちや大人たちと話し、彼らを集会に誘った。

メルセディータが家に招き入れてくれた。中は暗かった。電気はなく、コンロの近くでロウソクの炎だけが揺れていた。床には彼女の娘たちの二人、ロゼリーナとロザナが横になっていた。二人は母親の横に座り、私の座る場所を空けてくれた。

「私たちの絵、届いた?」ロザナが聞いた。

メルセディータと三人の子どもたちは、私が何日か入院していたことを知っていた。

「ええ、受け取ったわ。ありがとう! ジョアンナが持ってきてくれたの」

彼女たちの絵は覚えている。絵には父親と母親、子どもたち全員、そしてまだ産まれていない赤ちゃんまで描かれていた。絵の一番上に書かれていたのは、「わが家が一番!」。

メルセディータはうれしそうな顔をしていたが、心配事があって笑みはない。彼女は心配事を子どもに隠すということはなかった。

「怖くてね、子どもたちのことを考えると。料金が払えなくて電気は止められ、仕事はないし…。赤ん坊の面倒を見てくれる人がいたらいいんだけど」

「でも、赤ちゃんを手放すってことじゃないわよね?」思わず私は聞いた。

「他に何ができる? 他の子たちのために仕事を見つけなくちゃならないのよ。この子たち、食べなくっちゃ。赤ん坊がいっしょじゃ、仕事に行けないじゃない。少しの間でいいからこの子たちを保護施設に預けるってことも考えたわ。でも、どの子もいやがってね」

「施設に行くのはいや。ここの暮らしに文句は言ってないし、みんなでいっしょにいたいだけ!」母親の話を聞いていたロゼリーナが反対した。

ロザナは蒸し焼き鍋のふたを開けに行き、夕食が何なのかを覗き見して大喜びだった。

「見て! ホットドッグのフライ[1]よ! たっぷりある!」彼女は歓声を上げた。

この橋を離れようとしたとき、住人たちの姿が目に止まった。少し前に橋の下へと降りたはしごの近くに立ち、周りにいる人たちや彼らの顔ににじむ想い、ここに存在する暮らしを眺めていた。

大声を上げて遊ぶ子どもたちがいた。互いにおしゃべりをしながら洗濯する母親たちがいた。後で売り物にしようと、廃材から釘を根気強く引き抜いている男と女がいた。

橋の一方の側の歩道には折りたたみ式ベッドがいくつか置いてあって、大人や子どもが寝ていた。大通りではタクシーがしきりに警笛を鳴らし、トラックや自動車の横をすり抜けて走っていた。道路の真ん中には物売りがいて、売り物のタバコやキャンディー、水のペットボトル、新聞でいっぱいの木箱を抱えて立っていた。

彼らに笑顔で挨拶され、私の心は何年も前へと飛んだ。突然、この人たちやキリノ大通り橋と呼ばれるこの場所の思い出が心にあふれた。多くが七〇年代初頭からここに暮していた。より良い機会を求め、大変な数の家族が地方からマニラにやって来ていたのだ。やがて、道路は静かになった。ＡＴＤ第四世界運動との初めての出会いを思い出した。一〇年前だった。橋の下や墓地、大通り沿いに暮らす家族のことを知ったのは、他国から来たフルタイム・ボランティアたちといっしょにいたときのことだった。「路上図書館」と呼ばれる活動を初めてやってみたことを思い出した。大変な騒音の中、子どもが一心に本を読むことができることに驚嘆した。そこに留まり、いつまでも子どもたちの世話を焼いてあげたいという気持ちに駆られたことを思い出した。ある母親からは何度も注意された。「子どもたちだけで通りをわたらせたらダメよ。ここは事故がしょっちゅうなんだからね」。

週末の午後はいつも、他大学の学生たちといっしょにたくさんの本や美しい本、マット、絵画のための鉛筆とクレヨンを持ってやって来た。私たちは共に驚きを発見し、すばらしい時を過ごした。何か美しいもの、何であれ想像をかき立てるものへの子どもたちの飢えを感じた。そして、「この子たちといっしょに、私は貧困と闘っているんだ」と思った。

こうした中、メルセディータとその家族に初めて出会った。メルセディータと子どもたちは橋の下、運河沿いに暮らしていた。メルセディータの家族を訪れるときはいつも、どんなに怖かったかを覚えている。彼女の家に通じるとても狭い通路を歩きながら、いつもびくびくしていた。運河に落ちないよう足元に気をつけなければならなかったからだ。

メルセディータはフルタイム・ボランティアを何人も知っていた。全員の名前を覚えていた。彼女は私たちよりも何歳か年上だったが、私たちをアテ(2)とかクヤ(3)と呼ぶ。年齢ではなく、出会った人たちに向けられた惜しみのない尊敬の念からだった。

■注

(1) 日本で言う「アメリカンドッグ」のこと

(2) Ate…タガログ語で「姉さん」の意。親しい女性相手に使う親称

(3) Kuya…タガログ語で「兄さん」の意。親しい男性相手に使う親称

卒業証書

路上図書館を終えたある午後、疲れ果て、熱気で焦げてしまうのではないかと感じながらメルセディータの家の戸口に腰を下ろし、事務所にもどる前に一息ついていた。彼女の子どもたち、ロウェナとロザナを路上図書館からちょうど連れ帰ったところだった。

その日、たくさんの子どもたちがやって来て、赤ちゃんでさえもが年上の子たちに連れられて参加していた。このコミュニティーの若者三人がお面を作り、お医者さんと学校の先生、そして弁護士が登場する寸劇を演じた。将来の夢は何か、大きくなったら何になりたいかと子どもたちは問われ、それを絵に描くという活動だった。ロウェナとロザナは熱心で、それぞれの絵を母親に誇らしげに見せた。メルセディータはうれしそうに二人の絵を見ながら、娘たちの夢を推測した。彼女にも子どもの頃は夢があったに違いないと思った。

「あなたはどうなの？　子どもの頃、夢はあったの？」

彼女は娘の絵で顔をおおい、クスクス笑いながら答えた。「ええ、たくさんあったわよ！」

「でも、今でも覚えてる夢ってある？」

私の真剣さが伝わると、彼女は娘たちの絵を脇に置き、私の横に座った。彼女の家に立ち寄ったこれまでとまったく同じ、これはおしゃべりの準備だ。私たちはこうして数時間、互いにおしゃべりをして過ごしたものだった。

「子どものころ、他の子たちとたくさん遊んだ記憶なんてないわね。一番覚えてるのは、働いてばかりいたってことかな。その当時、私にはおもちゃなんて一つもなかった。野菜の入った竹の振るいを頭に載せて、村中を売って歩かなくちゃならなかったから。家では水汲みや家の掃除があったわ。で、一二歳になったとき、マニラに出てきたの」

このことは彼女、以前にも話してくれたことがあった。でも、詳しいこととなるといつも口を閉ざし、話そうとはしなかった。

「その頃、もう橋の下で暮らしてたの？」私は聞いた。

少しの間、彼女は口を開かなかった。

「姉とケソン市で暮らしてたわ。姉は私が高校[1]に行けるよう助けてくれたんだけど、簡単じゃなかった。姉夫婦は毎日働かなっきゃならなかったし、私は姉夫婦の子たちの面倒を見なくちゃならなかったから。ある日、学校はあきらめたの」

彼女はまた黙りこんでいた。まるで子ども時代の原風景一つひとつに思いを巡らしているかのようだった。彼女はじっと私を見た。私が他の質問をするのを待っているようだった。私たちの話はかなり真剣なものになりつつあった。

「その後、学校にはもどらなかったの?」

「何度も通おうとしたのよ。姉のところを出て仕事を探し、同時に学校にも通ったわ」

「じゃあ、「勤労学生」だったってことね」

「そう言うわよね、最近は。でも私にしてみれば、当時、働かずに学校に通うなんてことはできなかった。お金になるなら、どんな仕事でも飛びついたわ。そうやって初めて学校に行けたのよ」

メルセディータは私が理解できるようにとあれこれ説明してくれ、今や思いの丈を語ることに何のためらいもなかった。彼女が言うには、ある州にいたときは夜は店員として働いていたそうだ。その給料を受け取る代わりに昼間は学校に通わせてもらったということだった。

「でも、続かなかった。学校では、いつも眠くってね。授業に集中することができなかった。通わせてもらえなくなって仕事をやめ、マニラにもどったの。マニラではあるおばあさんが家政婦として雇ってくれてね。しばらくの間、おばあさんは学校に通わせてくれたわ。でも、またやめざるを得なかった。おばあさんの家はとても大きくて、仕事が山ほどあったから」

最終的には高校は終えることができたと彼女は言った。でも、卒業を証明する書類がないということだった。

「卒業式に行かなかったから卒業証書をもらえなかったの。交通費も卒業式用のドレスを買うお金もなかった。それでも、私は信じてる。教育を受けるってことがより良い生活への道なんだって。教育がなかったら、貧しさから抜け出せないもの」

彼女とはほんのちょっと、一休みする間だけのおしゃべりと思っていたが、気がついてみると戸口に一時間も座っていたのだった。時折、体を動かし、長いこと曲げたままでしびれた足を伸ばしたりした。彼女が話してくれたことを忘れてしまうのではないかと心配だった。

「あなたの話、メモしてもいいかな?」

彼女は驚いた様子もなく肩をすくめ、逆に聞いてきた。「どうして? まさかマアララ・モ・カヤ(2)に送るつもり?」

彼女は誇らしげにほほ笑んで胸を張り、私はペンと紙を取り出した。

■注

（1）当時、フィリピンの高校は四年制、一六歳卒業。

（2）Maalaala Mo Kaya…タガログ語で「思い出してもらえますか」の意。視聴者からの投稿による実際の話をベースに制作された人気ＴＶドラマシリーズのタイトル

話に遅れまいと必死に書きつけ、記録していった。

橋

メルセディータ・ビリャル・ディアス＝メンデスは、一九六五年七月五日にビコールの北カマリネス州に生まれた。六人兄弟の末っ子だ。両親は主に農場で働いていた。一九八二年、一七歳のとき、彼女はレナート・フストに出会う。彼らは一九八三年三月八日にマリテス、一九八六年一一月一六日にファニートという二人の子どもを授かった。しかし彼らの結婚は言い争いやケンカが絶えず、二人は離婚を決意する。メルセディータは二人の子どもを連れて彼女の実家にもどり、農場を手伝った。

二年後、彼女はロベルト・ディアスに出会う。彼は友人たちから親愛の情をこめてファニオ(1)と呼ばれていた。キリノ大通りの橋の下で彼との生活が始まった。

「あの人とは出身が同じなの。同じ地方で育ったのよ。彼は手押し車を押してゴミ拾いしながら、この橋の下に住んでたの。奥さんがいたけど、別れちゃったんだって」

私はペンを置いた。

「彼の最初の奥さんも橋の下に住んでたってこと？　会ったこと、あるの？」

「ええ。彼女とは問題ないわ。上手くいってたのよ」

「お子さんたちとはいっしょだったの？」

「マリテスとファニートには田舎で暮らしてほしいっていうのが私の両親の希望だったのよね。橋の下でファニオとの最初の娘、マリー・ローズが産まれたんだけど、七カ月で死んじゃった。すごい熱が出て、病院に連れてったわ。でも何日かしたら死んじゃったの」

彼女は悲しそうだった。娘さんの死についてもっとあるんだろうなと思って待ったけれど、それ以上の言葉はないようだった。

「それからロゼリーナが一九八九年四月二四日に生まれたの。娘ができて、ファニオの喜びようったらなかった！」

「橋の下に暮らすと知って、どう感じた？」そう聞かずにはいられなかった。

「初めは簡単じゃなかったわね。だって、自分たちの家がなかったから。ファニオの兄さんの家族といっしょに住んでたの。でもね、ご近所はいい人ばかり。橋の下に家があるって変かも知れないけど、近所同士がお互いに助け合う場所でもあるのよ。そこが違ったんだな。でも、もし別の場所があったら、子どもたちにはここで育ってほしくはないわね。これまで、子どもが何人も車にはねられるのを見てきたから。はねられた子たちの多くが大通りでお金を恵んでもらおうとしてたの」

少しの間、私はメルセディータをじっと見つめた。色々な思いが次々と頭をよぎった。そう、ここは暮らしやすい場所ではないのだ。

路上図書館を開こうと橋に到着したある午後のことを思い出した。たくさんの大人が大通りにいるのを見て、私は驚いた。彼らはパニック状態だった。あっちに走りこっちに走りして自分の子どもを家に連れ帰ろうとしていた。ほんの数分前、大通りでサンパギータ(2)の花輪を売っていた女の子が車にはねられたばかりだったからだ。車は猛スピードで走り去った。男の人が何人かで車を追いかけてナンバープレートを読み取ろうとしたが、車は猛スピードで走り去ったのだった。別の男の人が橋の下に駆けこみ、女の子の両親に起きたことを伝えた。そこにいただれもが何をしたらいいか分かっていた。血にまみれ、意識を失った女の子が男の人たちに運ばれて行くのを目の当たりにしたショックで凍りついてしまった私をよそに、彼らの動きは素早かった。男の人たちは女の子を急いで病院に運んだ。おびえる母親がいる一方、力なく泣き続ける母親もいた。あれこれ聞くのは控えざるを得なかった。

顔見知りの青年が一人、子どもたちに大声で注意を呼びかけていた。

「どうなっちゃうか分かるな？　橋を横切るときは気をつけるんだぞ。棺桶は大金なんだからな！」

メルセディータもそこにいた。彼女は本が入った私のカバンをつかみ、忠告してくれた。

「路上図書館をするためにここに来たんだよね？　今日は子どもたちを連れて通りをわたらない方がいいよ。こっち側にいた方がいい」

彼女の後について、大通り沿いのある家に行った。小さな庭のある家だった。その庭でその日だけ路上図書館を開いてもいいかとメルセディータは家の人にかけ合ってくれた。家主は承知してくれて、庭に干してあった洗濯物を移動してスペースを作ってくれた。

その後しばらくして、あたりは再び静かになった。大通りの人だかりが消えた。親の許しを得て、家の中から外へ出てくる子どもたちが現れ始めた。

庭では読書とお絵かき、歌を歌うなどして過ごした。子どもたちでいっぱいだったけれど、庭は歩道よりもはるかに良かった。安全だったからだ。交通事故について話している子どもたちもまだ何人かいた。しかし読み語りが始まると、全員が目を大きく見開いて静かになった。


橋を立ち去る前、車にはねられた女の子は病院には行っていないということが分かった。男の人たちは女の子を葬儀屋さんに運び、遺体はもう棺に収められていて、橋にもどって来るという。近所の人たちは、また動き出した。棺を安置する場所を橋の下にしつらえようと、男も女も廃材を拾い集めた。数日、あるいはたぶん一週間、喪が続くのだ。悲しい知らせを聞いて、私は橋を後にした。

ところが気づいてみるとまだ橋の下にいて、亡くなった女の子とではなく、メルセディータといっしょだった。彼女の横に座り、盛んに話し続ける彼女に聴き入った。

「ファニオといっしょで、幸せだったのよ。気を遣ってくれてね。あの人は大変な働き者で、手押し車を一日中押して歩いてた。でも、一九九〇年に心臓発作で死んじゃったの。途方に暮れたわ。娘のロゼリーナはまだ赤ん坊だったし。結婚、ついてないんだなって思った」

■注

（1）Juanio…タガログ語で「勤勉な男」「辛抱強い男」の意のニックネーム

（2）Sampaguita…きれいな白い小さな花を咲かせジャスミンの一種で、フィリピンの国花

恩赦

ファニオの埋葬が終わってすぐ、生後八ヵ月のロゼリーナがひどい病気になった。

「あの頃、ポケットには一ペソもなかった。大声で助けを求めて通りを走ってたら、それを見たある男の人が私の腕から娘を抱き取ってくれてね。その人は道路の真ん中に立って車を止め、私たちはその車で病院に行くことができたの」

「彼の名前はフィリックス・メンデス。地方で生まれ育って、八〇年代にマニラに出てきたんだって。フィリックスとファニオは仲が良くってね。彼、当時はリサイクル材を売って暮らしてたわ」


一九九一年、フィリックスとメルセディータはいっしょに暮らし始めた。

「その頃だったわ。刑務所に以前入れられた理由を彼が話してくれたのは。一七歳のとき、親友とトラブルに巻き込まれて、だれだかを殺しちゃったんだって。でも、その友だちは国を出て海外で働くことになってたから、友だちが働きに行けるように自分が罪をすべて被ったって言ってた」

罪を被ったって？　私は思った。どんな事になるか考えたのかしら？　メルセディータには私の考えていることがお見通しのようだった。

「いい？　彼って、すごく友だち思いなの。何の疑いもなく友だちに尽くす姿をどれだけ目にしたことか。フィリックスの話では、刑務所にいる間、海外に行ったその友だちが絶えず連絡してきて、手紙や食べ物、お金を送ってくれたんだそうよ。彼は無期懲役で服役してたんだけど、幸いなことに恩赦で刑務所を出ることができたの」

「恩赦？」

「そう。大統領夫人の誕生日ってことで、そのお祝いに囚人の何人かが恩赦になったの。フィリックスも他の一五人とともに選ばれて、釈放されたんだって。私がフィリックスと暮らすことに姉や両親は反対だったわ。フィリックスは無職だし、何てったって前科者じゃないかって言って。だれが殺人犯なんて雇う？」

メルセディータに答えようとしたとき、近所の人がハンガーを何本か貸してくれないかと顔を出した。メルセディータは、「まだ行かないでよ。もどるから」と私に告げた。

彼女が立ち上がって、家にあるハンガーを端から集めている間、これまでに何度も出会ったフィリックスのことが頭をよぎった。それこそ色々な仕事をする人だった！　懸命に働く彼の姿を見た！　大通りでキャンディーやタバコを売っていた。橋の上でパンケーキを売っていた。通りを横切る彼と会ったときのことを思い出した。市場に行ってきたばかりで、生のピーナッツがたくさん入った大きなビニール袋を見せてくれた。

「メルセディータが茹でてくれるんだ。で、俺が売る。一パック一ペソでね。悪くないだろ？　えっ？」

子どもたち三人が同時に病気になるまで、彼はこの商売を続けていた。彼とメルセディータは病気の子どもたちのために蓄えを削らざるを得なかった。

その後、リサイクル材を売り歩く彼に会った。

「近所の人が手伝ってくれるんだ。松の木切れから釘を抜いて、その木切れをひとまとめにするのさ。いったん売れれば、何がしかの金になるって寸法だ」

後になって知ったところでは、建設会社にいてセメントを混ぜたり、砂袋を運んでいたらしい。

最後に私たちが行き合ったのは、彼が飲料水の容器を手に橋の下から出てきたときだった。建設会社での仕事はやめていたのだ。

「あそこは単なる臨時雇いだよ。会社は納期に間に合わせるために作業員が大量に必要だったからね。でも、今はそれも終わり」

「じゃあ、別の仕事を探してるってこと？」私は聞いた。

「これ、見てくれよ。橋の下の運び屋さ。水を持ってってやって、容器一つ一ペソだ。子どもたちのために稼がなくっちゃな。もうすぐ学校だから」

刑務所を出てからこっち、フィリックスは安定した仕事に就いていない。しかし、彼は生活費を稼ごうとあらゆる機会をとらえ、家族を養うための方法を見つけようとしていた。

メルセディータの声で我に返った。彼女は腰をおろし、おしゃべりの準備が整った。

「私たち、一九九一年の中ごろまでバタンガスに引っ越してたの。フィリックスの親戚の近く。でも、そこっておそろしく辺ぴなところでさあ！　市場からも学校からも教会からもすっごく遠くってね。周りは野原だけ。フィリックスは仕事が見つからなくって、そりゃあ大変だったわ。で、一年後、橋にもどって、リサイクル材を売ることになったっていうわけ。その後、一九九二年の三月一八日にロウェナが生まれたの」

しかし、何カ月かして、橋近くのその場所を地主が駐車場にしてしまった。

「その地区の管理人がトタン板や材木を配って、別の場所を探すよう言ってきたのよね。それで橋の下の運河近くに引っ越して、家を建てたの。その家で、一九九三年の六月二二日に一番下の娘のロザナが生まれたのよ。それから一年半近く、ミンドロ州に引っ越して暮らしてみたんだけど、そこでの生活もちょっとやそっとじゃなかったわ。橋の下にもどったら、わが家は荒れ放題。で、かなり長いこと、わが家のすぐお隣さんのところに間借りして暮らすほかなかった」

「年上のマリテスとファニートはあなたといっしょだったの？　それとも二人はずっとバタンガス？」

「いいえ。マリテスは、私の別の姉がいるラグナのもう一つの田舎に引っ越したの。姉は娘が学校に通うのを助けてくれてね。ファニートはその当時、センター[1]で生活してたわ」

「だれが息子さんをそこに行かせてくれたの？」

「名付け親が居場所を見つけてくれてね。ファニートは私の両親と田舎で暮らしてたのよ。父が病気になるまではね。その後、あの子は橋にやって来たんだけど、ここの暮しはつらかったと思う」

　メルセディータの話はあっちに飛びこっちに飛びして、私は走り書きを続けた。あたふたしながら走り書きした。

「一九九八年に私の両親のところに引っ越したの。フィリックスは私の父の畑で働いたんだけど、ものすごい台風がやってきて作物は全滅。もう一度やり直すなんて、とても無理！　考えられる方法は一つ、橋にもどることだけだった」

「マニラの他の場所は考えなかったの？　何で橋の下なの？　言ってたじゃない、子どもたちにはここで育ってほしくないって」

メルセディータは即座に答えた。

「当時、子どもたちは学校に通い始めたばかりでね。橋の下だと、ロゼリーナもロウェナもロザナも学校が近かったのよ。娘の一人はある団体から支援を受けてたしね。その後、マリテスが学校をやめてラグナを出て、私たちのところにやって来たの。私とフィリックスにとって、田舎で子どもたち全員を学校に通わせるってことは無理だったのよね」


暮れかかっていた。メルセディータは鍋を手に取り、米を入れた。夕飯の支度だ。腰を上げるしかない。すべてを語るだけの時間はなかった。たぶん次の機会がある。またいっしょに座りこみ、話を聴かせてもらえるだろう。

私はメルセディータの家を後にした。マニラから出たりもどったりの彼女の家族の引っ越しの話で頭はいっぱいだった。メモでびっしりになった紙を丸めて、カバンにしまった。急ぎ事務所に着きたかったので、ジープニー[2]に乗った。この会話で彼女が話してくれたことすべてを覚えておいて、このメモをどこかにもう一度書き直す必要があった。でなければ、他のだれが記憶するだろう。

■注

（1）困窮家庭の児童を対象とする保護施設と思われる。

（2）公共交通機関の一種。第二次世界大戦後、アメリカ軍が残していった軍用ジープを改造したもの

足の片っぽう

一九九九年六月、橋の下の家を一軒一軒訪ね、子どもたちが路上図書館に来るよう親に頼んで回った。今回も大学生何人かといっしょだったが、彼らは子どもたちがやって来る前の準備があって橋の上にいた。私はメルセディータの家のドアをノックした。ドアが開き、女の人が現れた。知らない人だった。メルセディータがいるかどうか尋ねた。

「バタンガスにいるわ」

「いつもどるか分かりますか」

「もうもどらないいんじゃない。家を私たちに売ってったし。フィリックスは農場で働くんだって。サトウキビのプランテーションがあるって言ってたわ」

驚くと同時に、がっかりした。メルセディータの家族と会って話すことは、長いことといつも楽みにしていた大切なイベントのようなものだった。それがなくなってしまったのだ。なぜメルセディータたちを探しているのかを上手く説明する言葉を見つけようとした。

「路上図書館に子どもたちを誘いに来たんです。お子さんを連れて来ませんか。大通り沿いです」

女の人はうなずいた。

「考えておくわ。今、お昼寝してるから、たぶん後でね」

路上図書館の場所にもどった。たくさんの子どもたちがマットに座っていた。学生たちは子どもたちと物語を読んだり、何人かの親と話したりしていた。私はしばらくの間、心ここにあらずだった。メルセディータとフィリックスのことが頭を離れなかったからだ。家族のまともな暮らしは、どこか橋の下から抜け出したところにあると彼らは確信していた。その希望を追いかけようとしていた。そうすることで、たとえある場所から他の場所へと移り住むことになっても、子どもたちは今とは違った生活を送ることができる。子どもたちが本当の家を持つことを彼らは望んでいたのだ。その彼らにさようならを言うことも、幸運を祈ることもできなかったのが心残りだった。

小さな女の子が本を手に、私の肩をたたいていることに突然気づいた。女の子は私のすぐそばに座り、本を差し出してせがんだ。「お姉さん、本を読んで」。

三カ月後、メルセディータがＡＴＤの事務所を突然訪れた。私には聞きたいことが山ほどあった。彼女の家族が去った後、橋の下で続けてきた路上図書館でのあれこれを話したかった。彼女も知っている子どもたちが作った美術作品を見せたかった。彼女と会えて気持ちが高ぶっていたので、彼女がどれほど疲れていたかについては気が回らなかった。

彼女は引きつったような笑みを浮かべた。

「フィリックスが死んじゃったの。殺されちゃったの」彼女は言った。

私は自分の耳を疑った。

「えっ？　誰が死んだって？」

メルセディータは、うろたえながら続けた。

「何日か探して、野原で見つかったの。ほとんど腐った状態で。ゴミみたく捨てられてた。やさしい人だったのに。バタンガスのだれかと問題を起こしたことなんてなかったはずよ。彼は、とにかく静かな生活を送ろうとしてたんだから」

私はどうにも信じられなくて、呆然としていた。

「犯人がだれかは分かってるの？」

メルセディータの目に涙が光った。彼女はハンカチを取り出し、首を横に振った。だれが殺したのか分からないのだ。私は彼女の手を取り、もう一度聞いた。

「捜査願いは出したの？」

彼女はゆっくりとうなずいた。

「捜査がどのくらい続くか分からないし、殺人犯が捕まるかどうかさえも分からない。

できることをするだけ。彼が死んで、足の片っぽうをもがれたような感じ。今の今になって妊娠してるのが分かってね」

フィリックスには子どもがもう一人できるはずだったけれど、その子に会うことはないし、その子を知りようもない。彼は決して希望を失わなかったけれど、代わりに命を失ってしまったのだ。

「お子さんたちはどうしてるの？」もう一度聞いた。

「マリテスは、私たちが橋から出た時にラグナにもどったわ。ロゼリーナとロウェナ、そしてロザナは私の姉のところにしばらく寄せてもらってる。田舎にいてほしくないのよ。事件を怖がってるから。父親の遺体を見つけたとき、ロゼリーナは私といっしょだったの」

「このものすごい苦痛が子どもたちの記憶に残ってほしくないって思った」

「フィリックスの親戚はどうなの？　何かしてくれてるの？」

「夫の埋葬を手伝ってくれた。早く済ませるしかなかったの。でも今、この捜査の進み具合を追ってるのは、たぶん私だけ」

「この事、息子さんは知ってるの？」

「ファニートはこの事件を知って、センターを出て私たちと暮らすことを考えてくれたわ。私たちの支えになりたかったのね。でも、学校を終えるまではセンターにいてほしいって頼んだの。これ以上、何をしたらいいか分かんない。すごく混乱してる」

彼女は泣き声を立てなかったが、苦しみに満ちていた。私は話すのをやめ、彼女の泣くに任せた。メルセディータと彼女の子どもたちは孤児になったかのようだった。家はあったが、一家の大黒柱は失われたのだ。落ち着きを取りもどすと、長くはいられないと彼女は言った。三人の娘たちが母親の帰りを待っているのだ。メルセディータが子どもたちと会ったとき、何か贈れるものがないかと私は探していた。本三冊にした。

「娘さんたち、この本だったらいとこの子たちと楽しめるんじゃないかしら」

メルセディータは受け取ってくれ、バッグにしまった。

「あのね、バタンガスにいたとき、いつもあの子たちは言ってた。路上図書館が懐かしいって。バタンガスに引っ越してから学校に行ってなかったから。バタンガスの学校は遠くってね。登録に必要な書類もほとんど揃ってなかったし」

数日後、フィリックスに何があったか知っているかと橋の住民が聞いてきた。アラセリという女性が私に告げた。「とても悲しかった。フィリックスが殺されるなんてあり得ない！」

アラセリは、フィリックスとその家族が橋の下にいたときに住んでいた家からそう遠くない場所に住んでいる。

「彼についてどのくらい知ってるの？」

「近所の人に親切だったわ。彼に頼むと、二つ返事だった。いつでも手を貸してくれたものよ」

突然、ここに来た理由を思い出した。その月の一七日集会(1)への参加を改めて呼びかけに来たのだった。近所中、フィリックスの身に起きたことで持ちきりだった。集会は、フィリックスを知る人たちが彼への思いを語り合う場になるに違いない。

「ねえ、何日もしない内にリサール公園で一七日集会があるんだけど、たぶんそこでフィリックスに感謝の気持ちを捧げることができるんじゃないかしら。彼の身に何が起きたかも知り合いに知らせることができるし。どう思う？」

アラセリはうなずいた。

「彼にとって**生命の石**(2)の集まりは大切なものだったのよ。彼が初めて参加したときのこと、今でも覚えてる。私もいたの。彼、とても楽しそうそうだった。その日は彼の誕生日だったし、家族もいっしょだったから。私たち、彼にバースデー・ソングを歌ってあげたのを覚えてる。彼はギターを弾きたかったんだけど、その時はギターがなくってね」

アラセリが話してくれたのは、私がよく知っているフィリックス——明るい人で、わが子をこよなく愛す——の姿だった。

「彼について証言してもらえるかな？ 一言でいいから」

彼女ははにかみ、口ごもり気味に言った。「どうかな？ 私、上手く書けないし」。

彼女は甲状腺が腫れ、視力があまりなかった。ものを書くのは大変なのだ。しかし、彼女は思い直してくれた。「書くのをだれかが手伝ってくれるなら、やってもいいわ」。

アラセリをよく知っている若い女性が書いてもいいと快く受けてくれた。

その月の一七日、私はリサール公園で、橋の下や他の場所からやって来た子どもたちとその親、友人、フルタイム・ボランティアたちとマットに座っていた。メルセディータと彼女の子どもたちは来ることができなかった。夫の死の追跡捜査のために書類を提出しなければならなかったからだ。

私たちは大人のための討論会を始めた。その間、子どもたちは若者たちといっしょに別の活動をしていた。終了後、私たちは立ち上がり、**生命の石**の周りに集まった。一人が**生**

命の石に刻まれた言葉を読み、他の人たちは代わる代わる証言を読み上げた。アラセリもその一人だった。

「お隣さんのフィリックスは親切な人でした。リサイクル材の仕事で私が夫といっしょにいなければならないときは、いつでも双子の子の面倒をよく見てくれたことを思い出します。**記念石**は、彼にとって大切な場所でした。彼は私たちに言ったものです。『**生命の石**のところに行ってごらん。そこに行けば、一人じゃないよ』って。今、彼がどこにいようとも、平和と公正が彼と共にあらんことを祈ります」

一カ月後、メルセディータと子どもたちが橋の下、隣の家にいるところを見かけた。運河の近くで遊んでいる自分の子たちを見守りながら、外に置いた木の長いベンチに隣人と座っていたのだ。メルセディータは時々、大きくなったお腹を隠そうとシャツを引っ張っていた。ちょっと立ち寄っただけだろうと思ったが、子どもたちは家着だった。私は挨拶した。

「こんにちは！　ここで会えるとは思わなかったわ。もどってたの？」

「あら！　ええ、二、三日になるわ」

彼女はごく自然に私の手を取り、横に座るよう誘った。子どもたちが走ってきて、私に飛びついた。私たちはお互い、ずいぶんと長いこと会っていなかった！

「今、どこに住んでるの？　前と同じ場所？　向こう側の」

メルセディータは、浮かない顔で説明した。

「私、もうここでは家を建てることができないのよ。バランガイ・キャプテン(3)が言うには、家の数を数えた結果、これ以上建ててほしくないんだって。新しく引っ越してきた場合、部屋を借りるしかないってこと。ここに親戚がいれば、ご厄介になれるんだけど…」

「で、借りるの？」

「ええ。でも今は、私も子どもたちもリアのところに寄せてもらってる。実際、もう見つけてあるんだけど、家賃のことで家主と会わなくちゃならないのよね」

メルセディータは橋の下に、ある場所を見つけていた。二つの小屋の間で、電気も窓もなく、橋のコンクリートの道路が屋根代わりの場所だった。自動車やトラックが通過すると、その家は激しく揺れた。

次に訪れたとき、メルセディータの家族は橋の下に長くいるつもりだと確信した。

「ここでなら子どもたちと私だけじゃないからね。困った時には助けてくれる友だちやお隣さんがいる。それにね、娘のマリテスがもどってきて、いっしょに暮らしながら近くの工場で働くのよ。家族を養うのを助けてくれるの」

「それって、橋のすぐ上流にある工場のこと？」と尋ねた。「働いている若い人をたくさん見かけるけど…」。

「ええ、輸出用のクリスマスの電球を作ってるの。中国人の経営よ。近所の人がマリテスのために工場に口を利いてくれてね。勤務は夕方で、小さな電球を検査するのが仕事。こういう仕事って、視力が本当に良くないとダメなんだから！」

■注

（1）　極貧の人々に敬意を表し、記念石を囲んで催される月例討論集会

（2）　「記念石」の別称で、多くの家族が「生命の石」と呼ぶ。

（3）　最小行政区の長で、町長のような立場

ジャンパー

二〇〇〇年二月、キリノ大通り橋に向かってダレーナと歩いていた。二週間の内にリサール公園で開かれるもう一つの集会について改めて住民に伝えるためだった。日時、そして討論会で話し合われる予定のテーマが載っているビラを用意していた。橋の下へと降りるはしごに手をかけようとしたときだった。だれかの怒鳴り声が聞こえてくる。

「連中のやり方はフェアじゃねえ！　再定住できる家族なんて、ほんの一握りじゃねえか。他の、ここに長く住んでる俺みてえのはどこ行きゃいいんだよ。俺たちにゃ、他に行くところがねえんだぞ！」

橋の手すりに座った男からの声だった。彼は大声で、納得がいかないと他の人たちに訴えていた。しかし、彼は何に、だれに納得がいかないと言うのだろう？

私たちははしごから離れ、彼の方へ歩いていった。男は落ち着きを取りもどした様子だったが、私たちのことはほとんど目に入っていなかった。彼の目は大通りを見据え、かなりのスピードで行き過ぎる車を見ていた。信号が赤になると、子どもも大人も道路の一方の側から反対側に走ってわたるのだった。私は男の人に挨拶した。

「この間、市役所の連中がここに来てたんだよ。橋を修復したいんだそうだ。俺たちゃ、出て行かなっきゃなんねえのさ！」彼は怒りに任せて言った。

私はそれほど驚かなかった。取り壊しについてはここの住民の多くがよく口にしていたからだ。彼らは毎日、こうした不安とともに暮らしている。しかしそうではあっても、暮らしを立て、子どもたちを食べさせ、学校へ送り出そうと日々の生活を続けているのだ。すると突然、一面花柄デザインの、とてもかわいらしいマタニティドレスを着たメルセディータが現れた。彼女は私たちに手を振った。怒りの収まらない男のそばで私も振った。私が場を外せないということがメルセディータには分かっているらしかった。彼女も加わってきた。メルセディータがベニーおじさんと紹介してくれたその人が彼女に静かに言った。

「取り壊しのこと、教えてやった」

私はメルセディータの方を向いた。

「あなたも聞いてる？」

何バカなことをとでも言うように、彼女は私の肩を軽くたたいた。

「もちろんよ。私、ここに住んでるのよ！　先週の金曜、新聞記者が来て、何人かにインタビューしてた。その後、週末には副大統領が来たわ。副大統領を見たとき、私、怖かった！」

「なんで怖かったの？」

「だって彼女、本気で私たちを追い出す気なんだって思うからよ。でなけりゃ、来るはずないじゃない」

「いつになるっていう発表はあったの？　再定住、あるの？」

「再定住に同意するかどうかって聞かれて、移住先が本当にいい場所ならって、たいていの人は何とはなしに同意してたわ。橋の下は住むには良くないってことは分かってるからね。運河をふさいでいるゴミの山を見てよ。臭いったらありゃしない！」

「でも、市役所だって、そうそう住居の取り壊しはしないでしょ？　違う？」

「分からないわ。再定住について市役所と交渉する代表者の会はあるけど」

「橋の下の貧乏人の会」と呼ばれる組織が近隣にある。これは住民自身が立ち上げたものだ。近隣の代表を務める数名の親からなるグループで、特に家屋の取り壊しについて市役所との交渉にあたる。

「それって、一七日の**生命の石**の？」ダレーナの手のビラを見て、メルセディータが尋ねた。

ダレーナはメルセディータに一枚わたし、ベニーおじさんにも一枚わたした。

二人が読み終えるのを待って、ダレーナは言った。

「あなたたちも来てもらえるかな。公営市場の前で待ち合わせなんだけど」

「リサール公園へはそこからいっしょにジープニーで行くつもり」私はつけ加えた。

メルセディータはもう一度ビラを見た。

「努力してみる。橋の下に行ってみて。もっと人がいるから」

まだ話している彼女とベニーおじさんを残し、私たちははしごを降りた。ベニーおじさんは両腕を振り上げたり、遠く市役所があるらしい方向を指さしたりして、未だ怒りは収まっていない。

橋の真下では、多くのドアが閉まっていた。ここはいつ来ても暗くて足元が見えず、通路で挨拶されてもだれなのか見分けがつかなかった。昼も夜もついている家々の電気が通路を歩くときの頼りだった。しかし今回、電気はどこもついていない。ある家で物音がした。だれかいる。立ち止まって、ドアをノックした。きしみながらドアが開いた。子どもが一人現れたが、顔が分からない。運好くどの家族がどこに住んでいるのか覚えていたので聞いてみた。

「レイモンドなの?」

「ちがうよ、ロン=ロンだよ。母さーん!　マーリン姉さんとダレーナ姉さんだよ!」

母親のナディアは家のずっと奥に座り、野菜を切っていた。頭上の大通りの光が台所の近くの穴から差しこんでいた。彼女は立ち上がり、スカートの裾で手を拭いた。盲目の夫が家の隅で眠っていた。早朝から外に出て、物乞いをしていたのだ。

「あら、姉さん。ちょっと待って。今行くから！」

彼女は後ろをふり向いてロウソクを手に取った。火をつけようと、あちこちマッチを探した。ようやく相手の顔を見ることができた。彼女はドアのそばにロウソクを据えた。

「何かあったの？」

集会について知らせたかったのだが、彼女のところも含めて電気がついていない家が多いことに私は驚いていた。普段、こういうことはない！

「電気、どうしたの？」

「ああ、これ？　メラルコ[1]が電気を止めてから数週間になるわね。見つかっちゃったのよ、ほとんどの家が違法で電気を引っ張ってるのが」

「電気、全部切ったってこと？」私は心配になった。

「電気メーターを四つ遮断したの。メーター一つ当て、五、六軒の電気がつながっててね。「ジャンパー」って言うのよ」

「でも、それ、どうやったの？　危険でしょ！」

「分かんないけど、上手くやってたのよ。家にあるものは少ないからね。精々が照明とかテレビ、扇風機だから。料理は灯油コンロだし」

「もう一度つなぐつもりなの？」

ナディアはため息をついて床に座り、ドアに寄り掛かった。ロン＝ロンは彼女の膝に座り、火のついたロウソクで遊んだ。ナディアはロン＝ロンの手をつかみ、やめさせた。

「それが問題なのよ。メーターを設置する前に、一軒当たり七〇〇ペソ(2)払えってメラルコは言ってるの。普段、メーターのオーナーには使ってる電気器具の分だけ払ってるわけ。収入に応じて、週払いだったり日払いだったりでね。二〇ペソか五〇ペソ、一〇〇ペソぐらいかな。でも七〇〇ペソよ！　一体どうやったら、そんなお金都合つく？」

私自身、答えることのできない質問だった。ほとんどの住民がその日暮らしであってみれば、どこでそんな大金を見つけられるだろう？　多くの人たちにとって、ここの住民がどう暮らしを立てているかはあまりに想像を超えていることなのだ。

ナディアは、私が持っていたビラに気がついた。

「何、それ？　案内状？　あっ、そうか！　もうすぐルネタ(3)での一七日なんだ」

私は一枚見せた。ロン＝ロンは素早くそれを取って、母親にわたした。

「電気のことで大変だろうけど、来てもらえたらうれしいわ」私は言った。

「子どもたちも連れてっていいかな？　家に置いとくわけにはいかないのよ。電気がないと、ここ、すごく暑くなるの。ウチの一番下のチビ、見た？　あの子、頭におできができかかっててさ。この熱気のせいよ！　うちの人にも任せられないし。毎日、外に出ちゃうから」

「面倒見てくれる人がいないんだったら、連れて来なさいよ。公営市場の前で午後二時に待ち合わせして、リサール公園にはいっしょに行こうと思ってる」

「じゃあ、行くわ。みんなといっしょに行く方がいいもの」

橋の上に出ると、あたりは暗くなってきていた。橋の下の住人すべてと会う時間はなかった。まあ、一七日の数日前にまた来ることができるだろう。たくさんの人たちと会ったわけではなかったが、とても疲れていた。こうしたコミュニティーが日々直面し、互いに力を出し合って乗り越えようとするこれら脅迫のすべてに消耗していた。

■注

（1）　Meralco…フィリピン最大の電力会社

（2）　現在のレートで一万五千円弱

（3）　Luneta…「リサール公園」の別称

再定住

数日後、私は橋にもどった。次の集会のことをより多くの家族に思い出してもらうためだった。着いてみると、折りたたみ式ベッドやマットがいくつも歩道に並んでいて、大人や子どもがお昼寝していた。シーツをテント代わりにして、通過する自動車などが巻き上げるほこりや排気ガスを避けている人たちもいた。

メルセディータの姿が目に止まった。彼女は、折りたたみ式ベッドのそばに列をなしているペディキャブ[1]の一つに座っていた。これは男たちが生活費を稼ぐためのもので、彼らはこれをレンタルし、近隣および、周辺地域の人々を乗せてあげるのだ。

私の姿を見て、メルセディータはペディキャブから立ち上がり、足を引きずりながら歩いてきた。体が重そうで、日に日に大きくなっていくお腹はまるで双子の赤ちゃんが入っているかのようだった！　彼女の左足がかなり赤く腫れ上がっていることに気づいた。私は彼女を見た。どうしたのかと聞かれるということが彼女には分かっていた

「電気がなくて家の中が真っ暗でしょ。ネズミが家に入って来て、寝ている間に足をかじられちゃったのよ」

「治療してるの？」

「この間、診療所に行って、処方箋をもらったわ。妊娠中でも大丈夫な薬のね。何種類かは買ったんだけど、あなたの事務所に行って、残りの分を援助してもらえるかどうか頼んでみようって考えてたんだけど」

これまでに何度も、メルセディータや彼女の近所の家族が薬代の援助を求めて私たちの事務所に来ていた。彼らは公立の診療所で薬の処方箋を受け取るのが常だったが、手が届かない価格の薬を処方されることが度々あり、買うことができないのだ。私たちは、事務所近くにあるカリタス・グループ(2)を紹介していた。それがダメな場合、いっしょに薬局に行って買ってあげていた。

「明日の朝、一〇時に行ってもらえるかな。カリタスのソーシャル・ワーカーには、あなたが行くって伝えておくから」

突然、メルセディータの娘のロゼリーナが走ってきて、私の腕をつかんだ。彼女の服はずい分汚れていた。ロゼリーナは、歩道に広げてあるマットの一つを指さした。

「あれ、私たちのベッドよ！」

ほとんどの家で電気が止められていたので、人々は橋の上で食事をし、寝ていたのだ。

「電気なしで、熱気や湿気に耐えながら一日中家にいるなんて子どもにはとてもできっこない。子どもは外に行って遊んだり、息をしなくっちゃ」

これは数日前、メルセディータのお隣さんのナディアが私に話したことだ。しかし、メルセディータには他にも言いたいことがあった。

「ねえ、私の家が少しずつ沈んでってるって知ってる？　河底がすごく柔らかいの。もう修理に二〇〇ペソ[3]使ってるんだけど、十分じゃないのよ。どこか支援を受けられるとこ、知ってるかな？」

私たちは、彼女が別の支援団体と連絡が取れるよう何とか手配した。彼女はそこで、材木を何本か無料で手に入れることができた。近所の人に手伝ってもらい、彼女は家を修理することができた。しかし、電気なしでの生活が彼女や彼女の隣人たちの大きな問題として残ったまま、取り壊しの脅迫が頭を離れることはなかった。

一七日集会のその日、私は事務所の近くに住む数家族とともに公営市場の前で待っていた。ダレーナとナティー、ソニアもそこにいた。私たちは、橋の下の家族が到着するのを待ち続けた。討論会では、電気と取り壊しの問題を話し合うことができると考えていた。すでに午後二時半になっていたが、橋からはまだだれも来ていなかった。心配になり、私は連れの三人に提案した。

「たぶん、ここにいる家族と先に行った方がいいわね。彼ら、後から来るんじゃないかしら。他の人たちが到着する前に、先に行って会場の準備をしないといけないし」

ソニアがつけ加えた。

「私、スーパーに行って、ジュースとビスケットを買う必要もあるのよね」

三人は会場の準備や記念式典で声明文が読み上げられる人を何人か探す必要もあって、集まっていた家族と出発した。

私は公営市場の前にいて、橋の下のだれかが現れることを依然として期待していた。数分後、橋の若者の一人、ロゼルがやって来るのが見えた。私たちが路上図書館を開くどこででも、彼女は喜んで手伝ってくれていた。

「だれも来ないと思うわ」彼女は私に告げた。

「どうして？　何かあったの？」

ロゼルは口数の少ない女性だ。彼女といると、言うことに気をつけなければといつも思う。

「ええ。良かったら、どんな状況なのか橋に行ってみない？　あなたといっしょに行けば、今日が一七日だってことを思い出してもらえるし」

私たちはいっしょに橋に歩いて行った。リサール公園に着くのはかなり遅くなることは分かっていたが、それはもうどうでも良かった。メルセディータは前と同じ場所にいて、マットから体を持ち上げた。

「本当にごめん！　ルネタには行けないわ。今日、連中がやって来て、家を取り壊すって聞いたの。ここにいて、家を守らなっきゃ」

私は驚き、何て皮肉なことだろうと思った。よりによって、なんで一七日なの！　私はもっと詳しく知りたかった。

「でも、だれがそう言ってたの？」

メルセディータは不安そうだった。あれこれと心に浮かんできて、何か一つのことをしっかり考えるということができない様子だった。

「だれがって、出どこは知らないけど、でも危険は冒したくないからね。前にもあったのよ、立ち退かされるっていうこうした脅迫は。ただ、いつ執行されるのか分かんなかっただけ。そしてある日、警官が現れ、警察署に仕事があって男手が必要だって言ってきたの。大勢が出かけてったわ。で、どうなったか。ソナ(4)だってことを知らなかったのよ。仕事どころか、男たちは翌日まで警察署に拘留されて、解放されたときには家は取り壊されてたってわけ」

ロゼルは何か思い出したようだった。

「父さんもその男の人たちの中にいたと思う。でも当時、私はほんの子どもで、何が起きてるのか本当には理解できなかった。私たちの家が取り壊されてる間、残せるものはできるだけ残しておこうとする母さんを見てただけだった」

メルセディータは、警察によるこの騙しの手口がどう行われたかについて身振り手振りを交えて話し続けた。

「だから今回、男たちは絶対にどこにも行かない。取り壊しの連中と闘う準備はできてる。女たちは心配よ。実際、私は怖くて仕方ないわ。今度の取り壊しで血が流れてほしくないし。たとえ避けられないにしても、穏やかに終わってほしい。「橋の下の貧乏人の会」の役員たちは今、状況がどうなってるのか確かめに市役所に行ってる」

そんな訳で、私はリサール公園に一人で行くことになったのだが、ロゼルはいっしょに行きたいと言う。不安から気を紛らしたかったのだ。できるだけ早く到着しようと、いっしょにジープニーで行った。

討論会はすでに始まっていた。私は目立たないように座り、集まりに参加した。ロゼルは、子どもたちの相手をしている若者たちのところへ行った。彼女は本を一冊つかみ、子どもたちの一人に読んであげた。

討論会は、**生命の石**に参加することの意義についてだった。私は遅く着いたことで一言謝らなければならなかったのだが、お陰で橋の下の家族をおびやかしている取り壊しについて報告する機会を得た。多くを言うことはできなかった。何年か前に橋の下の男たちに起きたこととか、彼らが感じた不安や怒りをメルセディータが話したようには詳述することができなかった。そしてまさにこの日、彼らはその同じ不安を感じていた。家を出て、しかし後になって取り壊されてしまったわが家を目の当たりにするかも知れないという不安だ。しかし、また同じ目に遭うのは御免だった。暮らしを立て、住居を手に入れるのに散々苦労を重ねた挙句、彼らはさらに力をふりしぼらなければならないのだ。良い場所への再定住が確実でないなら、彼らはこの橋を簡単に明けわたすことはない。

集会後はビスケットをつまんでジュースを飲みながら、互いにおしゃべりをして過ごした。ロゼルは、参加者リストに記名してくれるよう一人一人に頼んで回って忙しかった。充実した討論会の後、人々は帰り始めた。家路につく他の家族といっしょに、私たちもジープニーをつかまえた。私は橋にもどりたい気分だった。まだ家は残っているだろうか、まだ住民はいるだろうか、メルセディータが恐れていたような激しい争いになったのだろうかと思った。振り向いてロゼルを見た。心配そうではなかった。と言うか、彼女はおよそ顔に感情が出るタイプではないのだ。

「怖くないの？　いったん橋に着いたら家がないかも知れないのに」

「だって、何ができる？　警察が相手じゃ、楯突くことなんてできないじゃない。もしこういう事が起きたら、ここからそう遠くないおばあちゃんのところへ引っ越すんだって両親が言ってたし」

もしも取り壊しが本当に行われていたらチームの家に電話するよう彼女に頼んだ。その夜、なかなか寝つけなかった。ベッドで何度も寝返りを打った。部屋は暑く、吹いてくる風さえも生暖かかった。私の心は橋の下を離れなかった。

その翌朝、ダレーナと橋に向かった。遠くから、何人かの子どもがマットや折りたたみ式ベッドの周りで遊んでいるのが見えた。まだ寝ている人もいれば、朝食を食べている人もいた。メルセディータはそこにいた。明らかに、妊娠によって日に日に気持ちが不安定になっている様子だった。動きがとても緩慢で、左足はまだ腫れていた。近所のコーラとリディア、そしてリアといっしょだった。挨拶すると、リディアが最初に口を開いた。

「取り壊し延期！」

リアが裏付けるように言った。

「ええ、本当よ！「橋の下の貧乏人の会」の役員が市役所に行って、市長と話してきたの」

「どういう具合だったのか、分かる？」私は気になって聞いた。

「市長から二つ提案があったの。私たちが出身地にもどるなら、その費用は市役所が負担してくれるんだって。バリック・プロビンシャって言ってたわ」リディアが答えた。

バリック・プロビンシャとは二者択一の再定住計画だ。マニラ首都圏に暮らす住民のほとんどが地方からの移住者であることから、政府は都市への人口集中を減らすために地方にもどってもらいたいのだ。しかし、三世代にわたって大都市に暮らしてきて、地方の親類とは完全に縁が切れている住民もいる。彼らの中には、親類のほとんどが都市に移住している人たちもいる。

「もう一つの提案は、マニラでアパートを探すなら、最初の三カ月分の家賃は市が肩代わりしてくれるんだって。でも、都市部でアパートを借りるなんて、大変な出費なのよ！　小さな部屋でも最低で一五〇〇ペソ。[5] 三カ月過ぎた途端、私たちのだれ一人としてそんな額は払えやしない！　それに、この選択肢を選ぶことのできる人なんてほんのちょっとしかいやしないわ」とリアは続けた。

コーラも言いたいことがあった。

「ある市会議員のことを聞いたことがある。その人、スモーキー・マウンテン近くのトンドにある再定住住宅への再定住を二〇家族ほどに提案しているんだって。そこってゴミ山よ。ここよりひどいのよ！　そんなところで家族といっしょに暮らすなんて、私にはできない。息をすれば、ゴミの悪臭が鼻を突くんだから！」

コーラはひどく腹を立て、周りも同意見だった。彼女たちは憤慨し、一斉に話し始めた。私は手を振って彼女たちを制し、こっちを向いてもらおうと声を張り上げた。

「ちょっと待って！　期限は知らされてるの？　取り壊しはいつまで延期なの？」

私の質問に答えようと、メルセディータが背中に手を当てながら立ち上がった。

「私たちの多くはマニラにいたいの。子どもたちの学校とか仕事のことがあるからね。私たち全員が再定住できると確信できないなら、ここからは出ない。他の人たちがどこに暮らすか確実に分からないなら、ここを離れたくない。私はと言うと、自分だけ田舎にもどるってことはないわ。頼れるお隣さんがいない新しい場所で暮らすってのは簡単じゃないもの。いつまでここにいられるのかは分からない。取り壊しは無期延期だからね。一番怖いのは、いよいよとなって橋が修復されることはもうなく、私たちは本当に出て行かなくてはならず、しかし政府は私たちに再定住の地をまだ用意してないってことなの。今しばらくは橋の下にいるつもり。頑張って生活し続けるしかないわ」

■注

（1）　pedicab…サイドカー付き自転車タクシー

（2）　カトリック倫理を基盤にさまざまな災害や紛争時の救援活動、第三世界諸国における開発プロジェ

クト、そして各地での社会的活動に関わる世界的規模の援助救援団体（「国際カリタス」のＨＰより）
（3）現在のレートで四〇〇円強
（4）sona…警察用語。特定の地域を孤立させ、犯罪者や政治上の反対者、疑わしい住民を一斉検挙するための軍や警察による人間狩りの手法
（5）現在のレートで三〇〇〇円強

バヤニハン（助け合いの精神）

この二週間、週一回の路上図書館は中止になっていた。一〇月一七日の国際極貧撲滅デー(1)に向けて準備があったからだ。すでに数週間、このイベントに向けて子どもたちのグループは歌と踊りのプレゼンテーションを練習していた。彼らの衣装にと、私は違う色のTシャツを買った。子どもたちは大はしゃぎだった。一人が聞いた。

「お姉さん、カメラは入るの？　自分たちのこと、テレビで見れる？」

大人たちの質問は違っていた。

「政府から役人は来るの？」

「大統領は来る？」

全国反貧困委員会はプログラムの一部を担当していた。方々の貧困地域からは、声明を発表する準備のできた大人たち、そして献花式に向けて花輪を作った若者たちがいることを私たちは知っている。

リサール公園では、小さなステージの前にたくさんの椅子とテーブルが並べられていた。**記念石**の周りには、子どもたちが創作した作品も展示されていた。一〇月は雨季にあたるが、この日は運が良かった。晴れて、マニラ湾から吹いてくる風が暖かかった。方々の地域から到着したたくさんの家族、学生、そして友人がいた。活気に溢れた日で、たくさんのことがいっぺんに起きようとしていた。参加者を迎える大きな横断幕には、次の言葉があった。

「一〇月一七日 反貧困の連帯」

一〇月一七日までの数日間、このイベントを迎えるにあたってどう貢献するか、メルセディータを含む数人の母親と準備を進めていた。彼女たちはパンシット(2)を調理することを提案した。母親たちは何度も集まり、買い物を計画し、大人数が対象の作業に十分足りる調理器具を探した。

「楽しい集まりにしなくっちゃね。お互いに友情を分かち合ってさ。貧困に対するこの闘いで私たちが一つになるためには、友情を築く必要があるんだから」メルセディータが言った。

まさにその当日、メルセディータはリサール公園にいて、皿やプラスチックのカップをテーブルにセッティングするのに忙しかった。彼女の横にはパンシットの巨大な皿が、別のグループが持ちこんだサンドイッチの箱から離れたところにいくつも並んでいた。その時、私は思った。うん、通りすがりではほとんど目に入ることのない家々が密集する橋の下の最貧困地区にさえ連帯は存在するのだと。メルセディータはそれを証明するにふさわしかった。

地域共同体プロジェクトが橋の下に計画されたのはそれほど前のことではないことを思い出した。地域団体は、栄養不良の子どもを抱える当の住民たちとの協働を望んでいた。「給食プログラム」を実施したかったのだ。このプロジェクトの準備のために、定期的な集まりが保護者やソーシャル・ワーカー、公立ヘルスセンターの医師、バランガイ役員、そしてATDのフルタイム・ボランティアの間で持たれた。給食プロジェクトがスタートする前に、バランガイ役員とソーシャル・ワーカーは子どもたちの「寄生虫駆除」を行った。子どもたち一人ひとりの体重を測り、体から寄生虫を駆除するための薬をそれぞれに与えた。給食プロジェクトは毎週末、路上図書館終了後に行われた。母親たちはと言うと、その日ごとに四人ずつで調理にあたった。献立プランはソーシャル・ワーカーが書き上げてくれた。

「調理用のコンロ、家から持ってこれるわよ！」一人の母親が言った。

「長椅子とテーブル、どこに行けば手に入るか知ってる。借りて、ここに持ってこれるわ」もう一人が誇らしげに加えた。

そしてメルセディータは毎朝、地域団体の事務所に行き、食材を買うためのお金を受け取り、毎日市場に出かけなければならなかった。彼女の夫のフィリックスは他の親たちに合流し、もっぱら子どもたちの世話としつけにあたった。
「私にとってはとても大きな経験で、チャレンジングでもあったわ。すばらしかった。だって親は自分自身の子どもに手を差しのべてあげることが本当にうれしかったから。お腹いっぱい食べさせてあげれることがうれしかったの。フィリックスは食材の大半を買う私と度々いっしょに来てくれて、それを橋まで運んでくれた。あれはチャレンジングだった。お金を扱うのはちょっとやそっとじゃなかったからね。緊張したわ」そう彼女が言っていたのを思い出した。

私の頭の中は、まだメルセディータと彼女のご近所さんのことでいっぱいだった。と、その時、ある女の人が来て私の肩をポンとたたき、さらにたくさんの人たちがリサール公園に到着していることを教えてくれた。何人かの友人と仲間のボランティアとで少し時間をもらい、会場に集まった人たちに挨拶した。間もなくプログラムが始まった。人々は席に着いていて、会場は静かだった。私も心落ち着かせる時だった。準備は終わり、席に着かなければならなかった。そして連帯や貧困との闘い、今日この日について大人や子ども、若者たちが訴えようとしていることに耳を傾けなければならなかった。

■注

（1）一九八七年、貧困、飢え、暴力、恐怖の犠牲者に敬意を表するため、一〇万人がフランス・パリの人権広場に集まったのが最初。この呼びかけをしたのは、「国際運動ATD第四世界」を創設したフランスの活動家ジョセフ・レシンスキー神父だった。一九九九年一二月の国連総会において、一〇月一七日を「貧困撲滅のための国際デー」とすることが宣言された。

（2）pansit…フィリピン風焼きそば

私の隣人

ある午後、私は事務所にいて、先の一七日集会で使った物品を整理していた。するとメルセディータが電話をかけてきた。二日前に亡くなった近所のある女性について伝えてきたのだった。

「コーラは子どもたちが小さかった頃、よく路上図書館に来てたのよ」

「ええ、一度会ってるんじゃないかな。でも、お子さんたちとは会った覚えがないわ。もう大人なんでしょ？」

「そう。多くはもう自分の家庭を持ってる。ここに住んでいる人もいるわ。もし時間があったら、来てくれないかな。コーラの娘さんに紹介するから。ＡＴＤは忘れてないってことを知らせるのは大切だと思うの」

その午後、私は出かけた。通夜は、大通り沿いの駐車場で行われていた。棺は周りをサンパギータの花輪で飾られ、棺の両側には二つの花束が供えられていた。男女数人がテーブルの周りに座り、カードをしていた。テーブルの真ん中にはコインが数枚のっている。だれかが勝つ度に、いくらかがテーブル近くのビンに入れられる。これはコトンと呼ばれている。葬儀費用の足しとなるのだ。

メルセディータはある女の人と、通夜の場所から数歩離れたところにいた。二人は通夜に来た人たちの夕食を調理するのに忙しかった。私はメルセディータに挨拶し、彼女は私をコーラの長女、エレーナに紹介してくれた。

エレーナは私と話す間、調理を息子の一人に代わってもらった。エレーナは、母親が亡くなった前の日について覚えていることを話してくれた。彼女はまた、何年か前から知っているボランティア数人の近況についても聞いてきた。少しの間いただけで、夕食が始まる前に失礼させてもらった。帰り際、哀悼の意を表すために、お金をいくらか入れた封筒を彼女にわたした。

メルセディータとジープニーがひろえる市場近くの交差点まで歩いた。

「来てくれてうれしいわ。今朝から待ってたの。私、明日はエレーナと市役所に行くつもり。彼女の母親の死亡証明書を持って行って、お葬式代の一部を支援してもらおうって考えてる」

いつ産まれてもおかしくないのに、まだ動き回っていて大丈夫なのかと聞いた。

「あっ！　実際のところ、まだ洗濯の仕事はやってるのよ。子どもたちに食べる物があって、学校にいけるようにね」

「で、その上、ここでご近所さんのお手伝いもしてるんだ。あなた自身が問題を抱えているのにね。どうして自分自身の問題を先に片づけられないの」ちょっとうんざりして私は言った。

私の反応に彼女は驚いた様子だった。

「ここで暮らしている私たちのほとんどが経済的な問題で苦しんでるけど、でも私たちはご近所同士なの。ご近所さんを助けるために私は他に何もできないけど、きちんとしたお葬式が出せるよう手を貸せる人たちを見つけることならできる。家族にとって大切な人を失うつらさも分かるしね」私は少し恥ずかしかった。

間もなくしてジープニー乗り場に着き、やって来た一台目を合図して止めた。運賃を払おうと、財布からコインを数枚出した。メルセディータが私の頬にキスしたので驚いた。

「事務所の近くで何か仕事の口があったら、必ず教えて。お願いよー！」ジープニーに乗ったとき、彼女が叫んだ。

私はジープニーから腕を出し、「分かった。探してみる」と手を振って伝えた。

ジープニーはかなりのスピードで走っていたが、気にも止めなかった。メルセディータの言葉を考えていたからだ。「**私たちは、ここではご近所同士なの…**」。彼女の言う通りだった。彼らはお互い以外にだれを頼れるだろう？　日々の問題を乗り越えるために、毎日お互いに助け合うことが彼らの拠りどころなのだ。

ジープニーの運転手がバックミラー越しに私に手を振り、聞いた。

「よお！　姉さん、どこで降りるんだい？」

残っている乗客は私一人だということに気がついた。降りる場所を乗り過ごしてしまったのだ。

私たちの弟

夏だった。とても暑く、外はごみが落ちていた。早起きして、何をするのも嫌になる前に新鮮な空気を少し吸った。ボランティア・チームの家の前を掃き掃除したのだった。後でソニアと大学に出かける。大学でソニアはタガログ語の授業が始まる。(1) 台所に入って行くと、彼女はトーストをかじりかじり新聞を読んでいた。私はお気に入りのマグカップにコーヒーを注いだ。だんだん暑くなって蒸してきたが、あたりは静かだった。と、その時、ドアをノックする音がした。

メルセディータと彼女の娘、ロゼリーナが玄関のすぐ前にいた。橋からここまで、ずっと歩いてきたのだ。挨拶をして、中へ招き入れた。ロゼリーナは母親の横に座ると、テーブルの上の物語の本に手を伸ばした。メルセディータは見るからに疲れていた。彼女のお腹がもう大きくないことに気づいた。

「あら！　いつ産まれたの？」

ロゼリーナは母親を見て、部屋を出ていった。

「今、息子のロベルトソンは別の家族のところなの。橋の近くの診療所で出産した後、すぐ養子に出してね。私たちの近くに住んでる。診療所から家にもどってみると、娘三人が弟について聞くのよ。説明したわ、何で弟が家にいないのか。ロゼリーナは、弟が他所の家族と暮らすってことを受け入れられなくってね。弟の世話をしたくて仕方ないから。大通りで一日中物乞いしたって平気、一日の終わりに弟にミルクを買ってあげれるからって言って。ロゼリーナにとって大事なのは、弟がいっしょにいるってことなの。子どもたちに責められてるような気がしてさ」

「でも、何で弟さんを手放したわけ?」

メルセディータは肩を落とした。

「出産したとき、ポケットにはたった二〇ペソしかなくってね。あの家族は、私が診療所から出るのを手助けしてくれたのよ。手術費を払ってくれて、息子の書類を処理し、そして息子の名前を彼らの名前の下にサインしたの」

この話、私にはついて行けなかった。こんなに静かで晴れ上がった、せっかくの日を台無しにするにはあまりに早い時間帯だ! ため息をついて肩をすくめ、まるで何事もなかったかのように聞いた。

「で、今、どうしたいの?」救いがたい気分だった。

「その家族との話し合いに、いっしょに来てもらえるかな?」

私は躊躇した。どうして私が行くの? 私に何が言える? この件で何か言う権利が私にある？　メルセディータのために話すことはできない。私たちはお互いに知っていて、彼女の心配事を受け止めるわ。でも、他の人たちから見れば私は「部外者」よ。私は彼女の家族じゃない。私や仲間のボランティアが橋に行って、路上図書館をやっているのを近所中のだれもが目にしている。私たちのことを「シスター」[2]って呼ぶ人もいるし、私たちがソーシャル・ワーカーだと考えている人たちだっている！

「メルセディータ、これって複雑よ。『はい、行きましょう』って簡単には言えない。どう話をつければいいのか、どうやったらあなたの子を取りもどせるのか、どんな手続きをすればいいのか分からないもの」

「相手の家族と話し合って、こっちの状況を説明したいの。考えを変えてもらえたらなって思ってる。私の他の子どもたちのためにね」

ボランティア・チームで少し協議した後、私たちは同意した。

「いいわ。いっしょに行く。でも、覚えといて。あなたの代理人として話すことはできないのよ」

メルセディータは、私の言ったことを理解しようとするかのようにうなずいた。彼女に対して怒ってはいないということを伝えようと、私は声を落とした。怒ったのは彼女に対してではなく、彼女が置かれた状況に対してだ。だって、フェアじゃないんだもの！

「今日、ソニアはフィリピン・ノーマル大学に行くのよ。彼女、タガログ語の勉強を始めるの」

メルセディータの顔が輝き、茶化そうとさえするのだった。

「そりゃあ、いい！　すぐにあんたとタガログ語で話せるようになるわ。そしたら、たくさんゴシップを教えてあげるね」

翌日になれば私たちが橋に来ると知って、彼女は娘と帰って行った。ソニアと私はフィリピン・ノーマル大学に遅くなって到着した。タクシーを使った。私は、メルセディータと彼女の家族が直面しているこの巨大なジレンマについて考え続けた。子どもたちを育て、手元に置いておく手だてがないために、彼女は息子を経済的に余裕がある一家にゆだねざるを得なかったのだ。彼女の子どもたちは不公正のただ中に生きる痛みを知っていた。何か不当なことが起きたことを知っていた。子どもたちは自分たちのものを取りもどしたかったのだ。本来、自分たちの家族に属するものを。

次の日、ナティーと私はメルセディータと会うために橋にいた。橋までの足取りは重かった。心臓がドキドキして、喉元が脈打っていた。まだ自分の立ち位置がはっきりしていなかった。でも、そこにいた。私に確信できることが一つあるとすれば、それはメルセディータが良き母であるということ、自分の家族を一つにしようとする望みを決して捨てないということだった。

メルセディータは家にいて、暗がりで昼食の準備をしていた。まだ、電気は来ていなかった。私たちがやって来たのを少し前に見かけたある女性がついてきて、家の中にも入ってきた。メルセディータが彼女を紹介してくれた。

「この人、グローリー。友だちよ。向かいに住んでて、ロベルトソンを養子に出したあの家族を知ってるの」

グローリーは私たちが来た理由を知っている様子だった。橋の下のような、家々が隙間なく建てこんでいるところではプライバシーはほとんどない。ロベルトソンが生まれ、その子を連れずに家にもどったそもそもの始めから、何が起きたのかは近所中が知っていたのだ。グローリーが私たちに挨拶した。

「あなたたちがメルセディータに力を貸しに来てくれて良かった。この問題、一人じゃ無理だもん。仲間って言うか、信頼できて勇気のある人が必要なの。私、この人の置かれている状況は理解しているつもりよ。たった二〇ペソしか持たずに出産した母親は、だれか助けてくれる人を見つけることしか考えられないのよ。あの時、彼女の頭にあったのは、産まれた息子さんをどうやって診療所から連れ出すかってことと、どうしたら息子さんがいい生活を送れるかってことだったの。彼女の息子さんを養子にした家族には、メルセディータが母親なんだってことを分かってもらいたいわ」

その言葉にただうなずくだけだった。彼女の説明は的を射ていた。その同じことを、ロベルトソンを連れて行った家族に言ってもらえたらと思った。メルセディータは、まだ出かける準備ができていなかった。家族のお昼ご飯がまだだったのだ。私たちは、もう少し都合の良さそうな時間に来ることにした。帰り際、ナティーがグローリーに話しかけた。

「ロベルトソンを養子にした家族と会いに、あなたにも来てもらえると助かるんだけど」

グローリーは断らなかった。

帰る道すがら、グローリーがさっき言ったこと――「**仲間って言うか、信頼できて勇気のある人が必要なの…**」――を考えた。私は救われた気持ちだった。友人を支えようとするグローリーの勇気のお陰だ。彼女は「部外者」でも「シスター」でも、ましてやソーシャル・ワーカーでもなかった。メルセディータが何のために生き、あの一家と会うことに何を期待しているのかをとてもよく分かっていた。

橋にもどったのは、午後四時だった。グローリーは橋の上で待っていた。ほどなくしてメルセディータが家から出てきた。彼女はとても急いでいて、ブラウスのボタンが全部は止まっていないことに気づいていなかった。グローリーは彼女を制し、ボタンを止めてあげた。二人して笑い合っていた。私たちはいっしょに橋の向こう側へと歩いた。メルセディータの娘、ロザナが後ろからついてきた。

その家は鉄道線路のすぐ近くだった。橋の下の家々と変わらない造りだった。小さくて狭かった。しかし電気がついていて、椅子がいくつかあり、仕事のある父親がいた。夫婦には九歳になる娘がいた。この近辺でも、メルセディータを知っている人たちは多かった。彼女は彼らに、私たちを友人として紹介した。家にはヴィッキーという女性がいた。養母だ。

ロベルトソンがいた。幼児用ベッド代わりの幅広の長いベンチに寝かされていた。メルセディータは自分の赤ん坊をじっと見つめた。ロザナもだ。二人は赤ん坊を抱きたくて仕方がない様子だったが、ヴィッキーの前ではできるはずもなかった。私たち全員分の椅子はなかった。メルセディータは床に座った。ナティーと私は彼女の横に座った。グローリーは戸口のところにいた。ロザナは私の後ろに座り、そっと耳をそばだてていた。近所の人たちが家から出てきて、何事かと興味津々で聞き耳を立てていた。なぜ私たちが来たのかと様子を窺っていた。

メルセディータが口を開いた。赤ん坊を取りもどしたいということについて多くは語らなかった。

「ここへは知り合いと来ました。私を診療所から出すためにお金をたくさん支払って頂いたことは承知しています。感謝しています。でも、私の子どもたちが弟について何度も聞くんです。弟がいっしょに暮らしてないってことを受け入れられないんです」

彼女が最後まで言い終わる前に、ヴィッキーが声を荒げて言った。

「何が言いたいわけ？　赤ん坊を取りもどしたいってこと？」

これを聞いて、外にいた人たちが会話に加わってきた。

「あんた、これがどういうことか分かってんのか？」一人が言った。

集まった人たちは怒っていた。グローリーが間に入って静めようとしたが、だれも耳を貸そうとはしなかった。大騒ぎの中、メルセディータはうなだれて黙り込んだままだった。

「今日、あんたに言うことは何もない！　明日、来てよ。主人がここにいる時に。主人が決めるから！」ヴィッキーが言い放った。

彼女は激高して、メルセディータに向き直った。

「メルセディータ、あんた分かってない。私たちに何をしてるかってことがね」

ごく短時間の話し合いだった。私たちが家を出ると、近所の人たちは私たちをずっと見ていた。鉄道線路に向かって歩いていると、ある老人の言葉が耳に入った。

「だれなんだい、あの人たちは？　赤ん坊を取りもどしたいってことか？　そんな権利はないんだろ？」老人はヴィッキーに近寄り、そう聞いた。

大通りの向こう側へと歩いて行くメルセディータたちを追っていて、老人の言ったことはそれ以上聞こえなかった。ロザナは私の手をつかみ、黙りこんだままだった。自分の母親に対して人々がどれほど怒りの声を浴びせたか、そのすべてを目にした後で彼女はどう考えているのだろうと思った。彼女はあまりに多くを見過ぎた。

橋のこちら側に着いてもメルセディータは押し黙ったままで、考えこんでいた。どうしたものかとグローリーが私たちを見た。

「厄介なことになるわ。あなたたち、明日も来れる?」グローリーが聞いた。

「あなたも来てくれるならね」と念を押して返した。

「私、考えてたんだけど、あの人たちとまた会う前、明日の朝にでも診療所に行ったほうが賢いんじゃないかなって。息子さんの出生証明を市役所に登録するのを一時保留するよう頼めるはずよ。いったん登録されたら、もうどうしようもないから」グローリーはふり向いて、メルセディータに言った。

彼女は私たちの方にも向き直り、別の意見を求めた。どう進めれば良いものか私たちには分かりかねた。グローリーならどうしたら良いか分かっているので、できれば彼女がメルセディータにつき添ってくれたらと思った。

翌朝、グローリーが私たちボランティア・チームの家に電話してきた。メルセディータといっしょにいて、診療所からかけてきたのだ。医者は事情を察してくれ、出生届けを一ヵ月保留することに同意してくれたと言う。グローリーは、例の家族ともう一度会うことについて聞いた。

「私、いっしょにいなくちゃダメかな？」

「もちろんよ。あなたがいるってことで、どれだけメルセディータが心強いことか」私は答えた。

彼女は他にも何か言いたげだったが、言おうとはしなかった。

「分かった。いっしょに行くわ。メルセディータは橋のところであなたたちを待ってると思う」クスクスッと笑って、そう言っただけだった。

午後になってすぐ、ナティーと私は再びそこにいた。共同水道の前でグローリーが洗濯していた。私はその時、彼女がいっしょに行く必要があるかどうか電話で聞いた理由が分かった。グローリーもまた、自分自身の家族に対して数え切れないほどの責任を抱えている一人の母親なのだ。しかし友人は、彼女が洗わなければならない洗濯物の山以上に大切だったのだ。私たちが来たのを見た瞬間、すぐに彼女は濡れた手を拭った。

「昨日の夜、メルセディータと真剣に話し合ったの。もし相手方が赤ん坊をわたさないと決めていたらどうするつもりかって聞いてみた。答えは『分からない』だって。裁判にかけることもできるって話したのよ。決めるのは彼女だけどね。もし私だったら、そしてもし本当に他に方法がないんだったら、罪の意識をもつことなく受け入れるべきだわ。自分自身を責めるべきじゃない。やれることはやったんだから。彼女を分かってあげなくっちゃね。自分自身の子どもから引き離されるつらさは、ちょっとやそっとじゃないんだもの」彼女は私たちに話した。

メルセディータが家から出てきて、弱々しくほほ笑んだ。私たちは、また鉄道線路に向かって歩いた。今回はお互いに多くは話さなかった。だれもがかなり緊張していた。歩き続けて、小道に出た。住民は私たちのことを覚えていて、また後をついてきた。

父親のダニエルさんが家でメルセディータを待っていた。彼の妻のヴィッキーは近所の一人に声をかけ、私たちに告げた。

「この人、赤ん坊を養子にしてくれって頼んだのはメルセディータの方だっていうこっちの証人よ」

メルセディータはもう一言も話さなかった。何を言ったところで、この一家は受け入れないだろうということが分かったのだ。この一家の勝ちだった。彼女は、ただ決定を待っていた。ダニエルさんの声はきっぱりとしていて、よく響いた。メルセディータには目もくれずに言った。

「俺の家からこの子を連れ出すことはできない」

「あんた、知り合いが助けてくれるって分かってたんでしょ。何で産む前に頼まなかったのよ？　この件が簡単に片づくと思ってるの？」ヴィッキーがつけ加えた。

「この子は私たちといっしょにいて、私と苗字が同じである以上、私はこの子のために闘いますよ。お望みなら、裁判に持ちこんでくれて結構」ダニエルさんは警告した。

「こっちには証人が何人もいるんだからね！」彼の妻がダメを押した。


私は言い返したかった。なぜ私たちがメルセディータといっしょに来たのか言いたかった。ここへ来たのは、彼女の息子を取りもどすためではなかった。診療所の支払いがメルセディータにはできないと知っていれば、彼女を助けてあげただろう。しかしメルセディータは、それ以上のものが必要なのだ。彼女に息子さんの養育費を用立ててあげることは私たちにはできなかった。その養育費こそが、他の子どもたちのためにも彼女が求めていたものなのだ。

メルセディータはこれ以上ないほどに非難されたとグローリーは感じた。彼女は椅子から立ち上がり、友人を擁護すべくあえて口を開いた。

「今後、赤ん坊はあなた方のところで暮らしていくってことははっきりしたわ。この話し合いで、あなた方とメルセディータのこれまでの関係にひびが入らなければいいと思う。私たちのだれも責められるべきじゃないと思う。私自身が養子で、婚外子でね。母は私を彼女の友人の一人に養子に出したの。何年かして、私のその養母が結婚した相手は、偶然にも私の実の父親だったってわけ。複雑な話よね。でも、大事なのは、私の実の母と養母は今でも友人だってこと」

グローリーが自らの生い立ちを明らかにした後、口を開く者はだれもいなかった。その静けさは、やがてダニエルさんの力強い声で破られた。

「俺は仕事にもどる」

これが話し合いは終わったという合図になり、私たちは腰を上げなければならなかった。メルセディータは自分の息子を残して家に帰り、グローリーは洗濯物を片づけるためにもどり、そしてナティーと私はチームの家にもどることになった。無力感に打ちひしがれていた。それは、ひどい痛みから逃れようと、自らを閉じ始める傷口のようだった。傷口がふさがったとき、その傷の下に何があるのか、何が痛みの原因なのかはだれにも分からないだろう。しかし、傷跡は残る。

「私、メルセディータの友だちよ。彼女を裁いてるんじゃないのよ。人が人を裁くことができるなんて私は信じない。だれもがチャンスを与えられるべきだって信じてる。もしあなたが…すでに当惑して弱り切っている人を裁くとしたら、その人を助けてることにはならないもの。その人をがんじがらめにしてるのと同じよ」グローリーはそう言って、橋を離れていった。

私はメルセディータの方に向き直って彼女の目を覗きこみ、彼女の語られない言葉を探った。何を考えているのか知りたかった。彼女の声は弱々しく、自責の念がにじんでいた。

「ちょっと休みたいの。すごく混乱してて…。あなたたち、後から来てもらえるかしら」消え入るような声でどうにか言った。

その日の午後遅く、ナティーと私は橋の下にもう一度やって来た。私たちが来たのをロザナが見つけ、母親のところに連れて行ってくれた。メルセディータは灯りの点ったロウソクのそばで床に横になり、深く考えこんでいた。彼女は起き上がり、私たちを入れてくれた。

「今、どんな具合?」私は聞いた。

「まだ疲れてる。眠ろうとはしたんだけど、あれこれ考えが邪魔しちゃってね」

「あの夫婦、赤ちゃんは手離さないわ。この先、どう進めたい?」

「裁判にかけたいけど、長くかかるしね。続けるだけのお金もないし。弁護士やその他もろもろにかかるお金がね」

「でも、それがロベルトソンを取りもどすただ一つの方法なら、サポートしてくれる人たちを探すことはできるのよ」私は彼女を励まそうとした。

彼女は首を振り、確信の持てないまま答えた。

「裁判になったら、あなたたちは私の味方だってことは分かってる。でも、他の家族もあなたたちが必要でしょ。今、一番心が痛むのは、他の子どもたちにとって、私がしたことは大きな間違いだったってことなの」

ロザナは家の中にいて、母親の言葉を聞いていた。ロザナはちらっと私たちを見て、そして切り出した。

「私、ロゼリーナ姉さんに話したの。弟を取りもどすために、母さんはもうこれ以上のことはできないって。私、姉さんに分かってもらおうとしたわ。赤ちゃんはいい人のところにいるって。でも、信じてくれないの。昨日、姉さんは家に帰って来なかった。私たち、他に何ができる？　起きちゃったことは受け入れて、強くなるしかないのよ」

七歳の子どもを前に、家族のこうした深い苦しみの中で育った子どもは、たちまちの内に子ども時代を終えてしまうのだということを私ははっきりと理解したのだった。

メルセディータの家を出たとき、あたりはかなり暗くなっていた。彼女の望みはただただ休むこと、そして弟はもう決して家にはもどってこないと、どう子どもたちに説明すればいいのかということだった。ロザナは私たちに続いて家を出た。

「ロゼリーナ姉さんと話したい？」彼女が聞いた。

彼女は私の返事を待たず、駐車場の近くで他の子どもたちと遊んでいる姉のところに私を連れて行った。ロザナが姉に向かって叫んだ。

「お姉ちゃーん！　来て。マーリン姉さんが話したいって！」

ロゼリーナは妹の声が聞こえない振りをして、遊び続けた。いっしょに遊んでいた子どもたちが彼女の背を私たちの方へ押した。しまいにロザナが彼女に近づき、私たちの方を指さした。彼女がやって来て、片隅の角材の上に座った。私たちからまだずい分離れたところだ。彼女は体をくの字に曲げ、顔を両腕の中に埋めた。私は彼女の横に座った。

「弟さん、取りもどせなかったわ。でも、お母さんの責任じゃないのよ。お母さんを責めるべきじゃないと思う。お母さん、今すごく苦しんでいる」

彼女は顔を上げ、何か問いたげな目で私を見て答えた。

「弟が養子に出されたって知ったとき、取りもどすのはもう無理だって分かってた。母さんを責める気はないの。そんなこと、できない。私が納得できないのは、家族の一人を失ってしまったらしいってこと。父さんが死んだばかりでしょ。家族に新しい男の子が加わることができたはずなのに、私たちは手放さなければならなかった」

言葉がなかった。彼女に答える一言すらなかった。私にできることは何もなく、分かっているとただハグしてあげることだけだった。あなたの家族が毎日のように生き抜いているこの不公正を私は知っていると。しかし、こうした痛みやこうした手探りのつらい暮らしに彼女たちはいつまで耐えることができるだろう。

それ以来、橋に行く度にロゼリーナはいつも私のところにやって来て、他の家族を訪問したり、子どもたちを路上図書館に誘ったりする私の手を取った。ロゼリーナも彼女の母親もロベルトソンについて二度とふれることはなかった。これが彼らのやり方だったのだろうか。これがグローリーの言う「罪の意識を持つことなく受け入れる」ということだったのだろうか。悲しかった。悔しくて、怒りは収まらなかった。物事がこうしたかたちで終わらなければならないということへの怒りだった。事は終わり、忘れられ、埋もれていった。他にどうすることもできなかったからだ。しかしその時、私は思った。メルセディータと娘たちはこの先、すでに耐え難くなっていることを引きずるべきではないと。すでに「失われてしまった」ものを絶望的なまでに取りもどそうとするべきではないと。彼女たちは一つのトラブルにいつまでもかかずりあっていることはできなかった。トラブルは次から次へとやってきて彼女たちを打ち据え、引きずり倒そうとしたからだ。

■注
（1）ソニアは、フランス人のＡＴＤボランティア
（2）修道女への呼びかけの言葉

信号

ロベルトソンの一件から一ヵ月、メルセディータとロゼリーナは再びボランティア・チームの家にいた。彼女はパニックだった。

「昨日の夜、警官数人が「信号」の近くにいたロザナや他の子どもたちを連れてっちゃったの！」メルセディータは、自分の子が時々物乞いしていることを隠そうとはしない。

「あの子たち、「信号」のところに行くのよ。車が五分おきに止まる十字路に。大人も子どもも車道に出て、車の窓を叩いて物乞いするの。サンパギータやタバコ、キャンディー、新聞を売る人もいる。青になった瞬間、安全のために歩道めがけて一斉に走ってって、次の赤信号を待つってわけ」メルセディータが説明した。

「でも、ロザナは友だちのジェニファーと橋のところで遊んでただけなのよ！　パグ・アサ(1)でのパーティーからちょうど家に帰ったところでね」

私は彼女を落ち着かせ、家に入れて座らせる一方、グラスに水を入れて二人にわたした。

「さっ、話してみて。どういうことなの」私は穏やかに聞いた。

彼女は急いで水を飲み、少し息をついて頭の中を整理した。そして話し始めた。

「全部見たのは近所のアラセリ。大通り沿いで遊んでた何人かの子どもたちの前で車が止まったって言ってた。普通の格好をした男の人が三人出て来たんだって。子どもたちは、三人が警官だってことは知らなかったの。もし知ってたら、すぐに逃げてたわ！　警官が子どもたちに車に乗るように言ったとき、他の子たちは逃げたんだけど、ジェニファーとロザナは怖くなって足がすくんじゃったのね。警官はアラセリも連れて行こうとしたんだけど、あの子はすごく嫌がってね。車が走り去ると、アラセリは橋の下に走ってきて、何があったか教えてくれた。私、警察署に行ったわ。近所の人からタクシー代三〇ペソを借りてまでして。急いで行って、娘を連れもどしたかったから。でも、ダメだった」

「ロザナは警察署にいなかったの？」今度はとても心配になって、私は聞いた。

「いたわよ！　娘がかわいそうでならなかった。パーティーでもらったテディ・ベアを抱えて、泣いてた！　私、昨日の夜はろくに眠れなかった。冷たい床の上で寝ながら、娘のことを考えててさ。娘はこういう事に慣れてないし…。こういう事に慣れてないのよ！」

彼女はうめくように言った。

「でも、なぜ警察はあなたが娘さんを連れ帰ることを許可しなかったのかしら」

「娘が捕まったとき、物乞いはしてなかったって私が証明しなっきゃならないからよ。もしできなかったら、警察は娘を別の場所に連れて行くって！」

警察は彼女の娘をそんな風に連れ去ったのだった。親にも知らせず、テーブルの上に置かれたケーキをひったくるようにだ。そして今、警察は彼女に立証を求めていた。私は怒りを覚え、それをメルセディータの前で隠せなかった。

「くそ！　警察が娘さんをどこに連れて行くか分かってるの？」

「知らない！　物乞いをする子どもたちを連れて行く場所だって言ってた。そういう場所って、分かる？」

「でも、そういう場所って、市内に何ヵ所かあるのよ。警察署にもう一度行って、娘さんを連れて行く場所が正確にどこなのか聞いた方がいいわ」

メルセディータの声には切迫感と恐怖が感じられた。

「でも、警察は証拠が必要だって言ってるのよ！　あの時、娘は物乞いしてなかったって証言してもらえる？」

「証言は無理よ、メルセディータ。私、そこにはいなかったんだから。ソーシャル・ワーカーならできる。連れて行かれる前、ロザナはパグ・アサにいたって言ったわよね」

「交通費、少し貸してもらえるかな？　できるだけ早くパグ・アサに行ってみる。ソーシャル・ワーカーがいるといいんだけど」彼女はためらうことなく聞いた。

私はパニックにならないように冷静さを保とうとしていた。

「良かったら、あなたが行くってことを先ず電話で知らせることもできるけど」

「うーん、単に時間の無駄よ。ジープニーを使えば、よっぽど早くそこに着けるわ。そうすれば何が起きたのかすぐに説明できる。私、ソーシャル・ワーカーを知ってるし、きっと証言してくれると思う」

私は二階に行き、何ペソか取って彼女にわたした。彼女はそれをポケットに入れ、行くわよとロゼリーナに声をかけた。とても不安で、娘を橋にもどすことはできなかったのだ。しかしチームの家を出る前にメルセディータが言ったことを聞いて、なぜそんなに急いでいるのかが分かった。

「今日ね、仕事の初日なの。橋の下から一〇人の母親といっしょに、衣料品工場で布地のトリマーとして雇われててさ。でも、娘がどうなるか分からないってときに、どうして今日仕事ができる？　社長に事情を説明してくれるよう近所の人に頼んではあるんだけどね。社長が分かってくれて、明日にでも、あるいはすべてが上手くいって、今日の午後にでも仕事を始められるといいけど」

「もし事が上手く運ばないようなら、電話するか事務所に来てね。一日中、そこにいるから」

彼女はロゼリーナの手を引き、腕を私の肩に回して言った。「上手くいくことを祈りましょう」。

夕方、ロザナがようやく警察署から出ることができたとメルセディータが電話で伝えてきた。ソーシャル・ワーカーが彼女につき添って行き、警官と話してくれたのだ。話し合いがどんな具合だったかについて彼女は上手く説明できなかった。ただ一つ彼女が覚えていたのは、子どもを放ったらかしにして大通りの脇、橋沿いで遊ばせ、危険にさらしたことをどれだけ叱責されたかということだった。

翌日、メルセディータは失職した。

週末になり、学生たち何人かと橋で路上図書館を開いていた。ロゼリーナとロウェナ、ロザナが来ていた。ロゼリーナは相変わらず、集まってきた小さな子たちにとってお姉さんのようだった。彼女は、私たちが持ってきた二枚のマットを広げ、通過していく車やトラックの音に負けまいと声を張り上げていた。

「スリッパ、脱いで！　スリッパはその端っこに置くのよ。マットに寝っ転がったらダメだからね。自分ちと同じじゃないのよ！」

彼女はまた、子どもたちが名前を書く小さな紙を学生たちが配るのを手伝った。彼女は、どの子も一枚もらっているか確認した。子どもたちの多くが書くのは苦手だったので、学生たちが手伝った。ロゼリーナは隅の方に行き、カードを壁にあてて自分の名前を書いた。

少し時間がかかった。書き終えると、歩き回って全員の紙を集め、名前が書いてあるかチェックし、ボランティア学生の一人にもどした。

すぐに本の入ったバッグが開けられた。どの子もお気に入りの物語やまだ読んでいない本を見つけようとバッグの中を漁った。学生たちはマットに座るスペースを見つけ、まだ読むことのできない小さな子たちに物語を読み始めた。読んであげる間、子どもたちを自分の膝の上に乗せたり、背中を上らせたりして、イラストがよく見えるようにしてあげた。心安らぐ時間だった。子どもたちの顔が本の中に埋もれ、その心は驚きの中をさまよった。

メルセディータがやって来たのは、こうした時だった。私はマットから跳び上がり、握手して挨拶した。彼女には伝えたい良い知らせがあったのだ。顔を見て分かった。

「この間、娘三人と学校に行ってきたの。入学の手続きよ。三人とも、一年生！　でも違うクラスになるんだって！」

「すごーい！　娘さんたち、また学校にもどれてうれしいでしょうね。行かなくなって、ずい分になるわよね？」

「ええ、かなりになるわ。昨日、洗濯の仕事で少しばかりお金が入って、三人にカバンと靴を買ってあげたの。制服は、近所の人たちからお古をもらった。でも、ノートが揃わないのよ。一人、少なくとも一〇冊は要るの」

事務所に保管してある学用品が思い浮かんだ。

「あなた、ジョーイ兄さんって、知ってる?」私は彼女に聞いた。

「あっ、知ってる! 以前、ここにいたわよね? 違う? あの人の絵、本当にすばらしいってことを覚えてる!」

「そう、その彼よ。この間の週、事務所に来たの。ボールペンや鉛筆、ノートをたくさん持ってね。路上図書館で使ってくれって言ってたけど、少し分けてあげられるわ。娘さんたちが必要な分全部とはいかないけど、良かったら来週にでも事務所に寄ってみて」

メルセディータは私の手を軽くたたいた。うれしかったのだ。

「そうする! 来週の月曜に行く。助かるわ。うちの子たち、もう他の子たちと同じようにスタートを切ることができるんだ。たぶん一冊のノートに二教科分書けるんじゃないかな。大事なのは、書くための何かがあるってことなの。残りは後で買うから」

メルセディータは、学生がその日のメインの物語を話し終えるまで路上図書館にいた。子どもたちは静かになり、熱心に耳を傾けた。それは月と太陽、そして星の伝説だった。こんな話だ。


昔、昔、太陽と月が結婚しました。でも太陽はとても醜く、ケンカ好きでした。ある日、太陽は月に腹を立て、月を追いかけました。月は、太陽から一定の距離になるまでとても速く走りました。月が疲れたとき、太陽はもう少しで月を捕まえるところでした。その後、太陽はずっと月を追いかけていて、時々は月に手が届きそうになりました。そして、また大きく離されました。太陽と月の最初の子どもは大きな星でした。太陽はある時、その星に腹を立て、星を粉々に砕き、空全体に散りばめてしまいました。それ以来、空にはたくさんの星があるのです。

子どもたちの目は、まだ物語に向けられたままだった。物語は終わったんだとようやく気づいたのは、学生がこう語りかけたときだった。

「このお話、気に入ったかな?」

子どもたちは一斉に答えた。「はい!」

彼らは再び動き始めた。読み語りの次は美術活動だということを知っていた。一人の子が自発的に聞いた。

「ぼくたち、月か星を描くの?」

約束通り、メルセディータは月曜日にやって来た。しかし彼女一人ではなかった。ご近所さんを連れて来ていて、ノートと鉛筆を分けてあげていた。

数日後、学校が始まった。毎朝、ピンクのスカートと白のブラウス、グレーのズボンか青の半ズボンと白いTシャツを着て、市役所の大きなロゴが印刷されたキャスター付きのバッグを引っ張っていく子どもたちと通りで出会った。このバッグは、保護者の学校への出費を軽減するために市役所が配給したものだった。

毎週末、橋の下で路上図書館が始まる前、私はメルセディータの家に立ち寄って、子どもたちが新しい学校でどうしているかあれこれ聞いたものだった。ロザナが口をとがらせて叫んだ。

「先生はやさしいわ。けど、宿題、多過ぎ！」

ロウェナは妹の口をふさぎ、頭を軽くたたいて言って聞かせた。

「しっ！　それが学校っていうものなの！」

ロウェナは私の方を向いた。

「あのね、お姉さん。毎週、他の学校から私たちの学校に来る生徒が何人かいるの。数学と英語が苦手な子たちの勉強を手伝ってくれてるのよ」

「その苦手な子たちって、だれだか分かる？」

「うん、橋の下からも何人かいるわ。でも私は行ってない。私はよくやってるからだって、先生が言ってた。ただ、たくさん欠席しないようにすればいいの」

次の路上図書館では、ダレーナといっしょだった。私たちは子どもたちに会いに、またメルセディータのところに立ち寄った。メルセディータは共同水道で洗濯していた。彼女は最近の様子を話してくれた。

「うちの子たち、家にいないのよ。ロウェナとロザナはパグ・アサに行ってる。この前、ソーシャル・ワーカーが来て、言ってたの。聖書の勉強で毎週日曜に公園に来る韓国人グループとの特別な活動が事務所であるんだって。二人とも、午後になったらもどってくると思う」

「じゃあ、ロゼリーナは？　あの子は行かなかったの？」ダレーナが聞いた。

「他の子たちと信号のところにいる。物乞い」

彼女は言いづらそうに答えた。

彼女は洗濯を止めて手を拭き、近くの木の階段のところへ歩いて行った。そしてそこに座り、ため息をついた。

「まったくもう！　どうやってロゼリーナを学校に行かせればいいのか、もう分かんない。他の子たちとちょくちょく出かけて行って、物乞いしてるのよ。私を助けたいからって言ってね。数ヵ月間家賃を払ってなくて、大家さんからはいつ払うんだっていつも催促されてるってことを知ってるのよ、あの子。でも、信号の近くに出かけて行くたびに心配でね。すごく危ないから！」

「まだ学校には行ってるの？」ダレーナが再び聞いた。

「ええ、私がうるさく言うからね。しょっちゅう物乞いしてほしくないんだけど。時々、妹たちも連れて行く。すごく怖い！　前はお客さんの家で洗濯してたんだけど、でも今は橋の下に持ってきて洗うようにしてる。あの子たちだけにしておくのが心配でさ。私がそばにいないとき、子どもたちだけでどこに行ってるのか知らないでいるってことがね。この前、お客さんから小言を言われたわ。心ここにあらずって感じで洗濯してるって。それからこの前、ソーシャル・ワーカーが来て、ロゼリーナが度々授業をさぼってることを知ってるかって聞かれた」

「何でソーシャル・ワーカーが？」不思議に思い、口をはさんだ。

「ロゼリーナはパグ・アサから支援を受けてるからなの。ちゃんと学校に行ってるか調査してるってわけ。その時、ソーシャル・ワーカーが話してたんだけど、もし私が娘たちの面倒を見ることができないなら、世話をしてくれる保護施設があるって」

私は、はっきり言って賛成できなかった。

「でも、保護施設は解決にならないわ！　あの子たちの世話があなたと同じくらいできる人はいないのよ。あなたは母親なんだもの！」

メルセディータは後ろのドアに寄りかかって、まだ洗っていない洗濯物の山を見つめた。彼女はいつも子どもたちのことを心配していた。しかし解決策がなく、どうしようもなかったのだ。

「問題がこういっぺんに起きた日にゃ、どうにも手がつけらんない。ここ何週間か、ファニートがもどってきていっしょにいるってこと、知ってる？」

「保護施設からもどったの？」

「ええ、施設を出て、ここに来たの。でも、家を飛び出してってから三日になる」

「何で？　何か、あったの？」気になって聞いた。

「時計を盗んだって訴えられてね。でも本当のところ、やってないのよ。近所の人が彼に時計を売ってくるよう頼んだわけ。ファニートは友だちのところに行って、売ろうとしたの。でもその間、何日かたっちゃってさ。で、その近所の人は、ファニートが時計を盗んだんじゃないかって考えて、警察に知らせるって言ってきたの。ファニートはすごく怖くなって、もどってこないのよ」

「施設はチェックした？」

「もう行ってきたわ。私も施設かなって思ったんだけど、いなかった。トラブルに巻き込まれなければばって願うだけ。無事でいてほしいわ」

メルセディータは立ち上がって水の入ったタライに手を伸ばし、服がたくさん入った流しに水を注いだ。夕方になる前には洗い終えなければならないのだ。その上で彼女は別の家にも行き、アイロンがけをしなくてはならなかった。

「娘たちがもどったら、あなたのところへ行くように伝えるから。路上図書館、今も駐車場の近くなんでしょ？」彼女は私たちに言った。

私たちは本とマットを持って、橋に向かった。すでに数人の子どもたちが待っていた。マットが広げられ、本の入ったバッグが開くのを待っていた。

悲観的な状況だった。メルセディータの家族と学校をまたやめてしまうかも知れない三人の子どもたち、そして支払いのとどこおっている家が心配だった。会ってみたかったフアニートのことが気がかりだった。状況はとても脆くなっていて、メルセディータの家族はいつバラバラになってもおかしくはなかった。もしそんなことが起きたら、彼らはどこへ行くのだろう？　そうすぐには起きてほしくない。いや、起きないでと願うばかりだ。

■注

（1）Pag-asa…タガログ語で「希望」」の意。困窮状態にある児童の養護や福祉を促進するＮＧＯ団体

センター

「私たち、もう何日かでホームレース！」

メルセディータがとても不安そうな声で打ち明けた。ナティーと私が橋に着いて、間近に迫っていた**生命の石**での一七日集会に参加できるか聞いたときのことだ。メルセディータはナティーの腕をとり、私たちを彼女の家に誘った。ホームレスについて話したいが、近所の人には聞かれたくなかったのだ。私たちは中に入った。頭を下げ、屋根にぶつからないようにした。私は足を組んで座り、ナティはドアの近くに座る場所を見つけた。メルセディータはコンロの近くに行き、ロウソクを探した。彼女はロウソクに火を点け、私たちの近くに置いた。彼女は真ん中に座り、ため息をついた。見るからに消耗している。彼女は言った。

「家賃が払えなくなってから五カ月なの」

「で、大家さんは出て行ってもらいたいって言うわけ？」彼女が説明し終わるのを待たずに私は聞いた。

「大家さんのことはよく知っていて、彼もトラブルを抱えてるの。彼のペディキャブが市役所に押収されて、それを取りもどすためにお金が必要なのよ。あの人も私同様貧乏だし、私たちが借りてるこの家を売ることにしたんだって。彼にはそれしかないの。滞納した家賃を私がどうにか払わない限りはね」

彼女は壁に寄りかかった。

「どうしたらいいか、どこに行けばいいんだか分かんなくってさ。子どもたちに路上生活はさせたくないし。助けてもらえるかな？」

「マリテスはどうなの？　彼女、助けてくれないの？」ナティーが聞いた。

「あの子、もう工場では働いてないのよ。工場のボスのところに行って、退職金のことで話してきたんだけど、あの子、退職金がないの。ボスは一ペソたりとも払う気なんてなかった！　文句があるんだったら、いつでも娘を連れてってくれって言われたわ。そういうふうに言えば、私がおびえるとでも思ったんでしょ。あんな状態のところで娘を働かせるわけにはいかなかった！」彼女は、腹立たしげに答えた。

「彼女、今、あなたといっしょにいるの？」

「いいえ、田舎に行って、メイドをやってる。月に一度はここへ来て、余裕のあるときは妹たちにっていくらか置いてってくれてる」

その翌日、メルセディータは私たちの事務所にいた。新しい場所を探すまで二日間の猶予があった。私たちは他の団体から可能な解決策を見つけようと彼女の相談に乗った。どれも絶望的なものばかりで、一時的なものでさえ望み薄だった。

最初の団体には住宅ローン・プログラムがあったが、ローンの手続きと認定にほぼ一ヵ月を要するというものだった。間もなくホームレスになろうとしているメルセディータには無理な話だ。

「引っ越しまでに残された日数が短すぎますね。それに、これは法に反しています」担当者はそう話した。

私はメルセディータに目をやり、彼女が何か言うのを待ったが、言葉はなかった。家を借りるにあたって、橋の下に暮らす家族が契約書に署名するということはない。たいていは口約束で決まり、お互いの人間関係が基本だった。

解決策が何も見つからないまま、二つ目の団体へと私たちは移動した。ここには、路上や手押し車で暮らしている家族向けのハウジング・プログラムがあった。しかし、メルセディータと彼女の子どもたちは、まだ路上暮らしではない。この団体も家賃の支払いを肩代わりすることも、収入を得る何がしかの方法を提案することもできなかった。

「私たちは屋根を作るのに板材やトタン板を使ってきました。よろしければお持ちになって、橋の下にスペースを見つけ、家を建ててみてはいかがでしょう」彼らは説明した。

メルセディータはこの言葉が信じられなくて、かなり強く言い返した。

「でも、二日間で家を建てるなんて無理よ！　それに、もうだれも橋の下に家を建てることは許されてないんだから」

彼女が家を持てたり、あるいは一定期間どこかに住むことができるという可能性を示すことができる団体はなかった。

「市役所に行ってみるわ。知ってる市会議員のところに。あの人たちだったら助けてくれるかも知れない」メルセディータは決めた。

「市役所には住居支援プロジェクトか何かがあるの？」私は思わず聞いた。

「知らないわ。埋葬支援はやってるけどね。本当に緊急だってことが分かれば、助けてくれるかも知れないじゃない」

「上手くいくといいけど、でも、ダメだったらここにもどってきて。何ができるか調べてみるから」

「私、まず子どもたちを見てくる。もう昼だし、あの子たち、今朝からまだ食べてないから。でも、私、二、三ペソしかなくって、これじゃ足りないわ。このお金、午後になって市役所に行くのに必要だし」

私たちの事務所の近くに食堂があった。私が昼食にご飯とお肉を買ってあげるからと申し出た。彼女は受け入れてくれた。いっしょに行って、彼女は子どもたちの好物と思えるものを選んだ。

二日間が過ぎ、最終期限が来た。午後になって、メルセディータが私たちの事務所に来た。彼女は私たちに挨拶をした。声が沈んでいた。市役所では上手くいかなかったのだ。彼女は椅子を引き、両腕をテーブルに投げ出すようにして座った。私はコンピューターから離れ、扇風機を彼女の方に向けてあげた。これで、涼しい風にあたることができる。私は彼女のそばに座った。彼女は、橋からここまでずっと歩いてきたのだ。

「市役所では上手くいったの?」あえて聞いてみた。

彼女は首を振った。

「行かなかったのよ。別の友だちのところに行って、お金を貸してもらった。これで、少なくても二週間は今の家にいることができる」

「娘さんたちもいっしょに?」

「ええ、みんな学校はやめちゃったけどね。毎日、信号のところで物乞いしてる。洗濯もやめちゃった。体調を崩すことが多くってね」

彼女は口をつぐみ、考えこんだ。そして続けた。

「うちの子たちが二週間、いっしょに暮らせる場所を見つけたいの」

何か反応を期待して、彼女は私を見た。何も言わないでいると、彼女は続けた。

「それが、今日来た理由。センターとか保護施設みたいな場所を知ってるか聞きたくてね」

彼女の家族は本当にバラバラになりそうなんだ。

「お子さんたちといっしょにいられる方法は本当に他にないの？」私は聞いた。

「そうする方がいいと思うのよ。そうすれば仕事を見つけられるし。子どもたちだけじゃ安全じゃないって分かってて、仕事を見つけには行けないもの。子どもたちが一つの所にいっしょにいられれば、どこにだって仕事を見つけに行けるじゃない」

彼女の気持ちをたぶん変えることができる、あるいは彼女の決定をたぶん変えることができるかも知れない他の理由を私は見つけようとしていた。

「田舎にいる他の親戚はどうなの？　その人たち、あなたを助けることはできないの？あなたが仕事を見つける間、たぶんお子さんたちの面倒を見てもらえるんじゃない」

「夫にあんな事が起きた後で、あの子たちが田舎で暮らすことができるとは思えない。父親が殺された場所だってことを忘れることはできないから」

「でも、ロゼリーナはどうなの？　彼女、保護施設には行きたくなかったんでしょ？

娘さんたちと長いこと会わずにいるって、耐えられる？　いつも言ってるじゃない、娘さんたちとはいっしょにいて、ちゃんと育てたいって」私は強い口調で言った。

彼女は首を大きく振って顔にかかった髪を払った。眼は赤くなり、涙でいっぱいになった。

「家族が離ればなれになることを考えると本当につらい。施設をって考えたのは、私には与えることは無理かも知れない機会を政府なら与えることができるって分かってるからなの。子どもたちは学校に行けるし。それって、私が望んでいることよ。施設でなら、子どもたちは今よりいい環境が得られる。色んな事やたくさんのトラブルにさらされる橋の下のこことは違ってね。息子のファニートに何が起きたか考えてみて。ロゼリーナには納得し難いんだろうなってことは分かってる。あの子が反抗的なのは、みんなでいっしょに暮らすっていう父親への約束を私は守れなかったからだって感じてるわ」

私はなお、強い調子で続けた。

「でも、一番下の弟さんの事があってから、私、ロゼリーナとは話したのよ。彼女、あなたを責めることはできないって言ってたわ。あなたを愛してるの。あなたを助けたいのよ」

メルセディータはもう涙を抑えることができなかった。彼女は声を押し殺して泣いた。

私は彼女の肩に手を置いた。この瞬間、私は彼女の決定を受け入れたのだった。

私は一時的な保護を提供するセンターについて彼女に話し、そのいくつかと連絡を取ってみた。しかしほとんどが満員で、三人の子たちを全員いっしょに引き取ることはできなかった。メルセディータはテーブルに手をついて体を持ち上げ、事務所を出て行った。たとえ子どもたちから遠く離れることになろうと、子どもたちが生活できて面倒を見てくれる場所を必死の思いで探しに行った。

その後の数週間は絶えず橋の下に通っていたが、メルセディータの姿はなかった。彼女の家はドアが閉まったままで、暗く、打ち捨てられたような感じだった。近所の人が私に声をかけてくれた。

「メルセディータは、もうそこには住んでないわよ！」

「どこに住んでいるか知ってます？」

「そっちに住んでる！」彼女は私の後ろの家を指さした。

「彼女の子たちがどこにいるか知っていますか？」私はもう一度聞いた。

「ユナイテッド・ネイションズ大通りのシルンガン[1]にいるって聞いたけど」

メルセディータは子どもたちの居場所を見つけたのだ。今この時、彼女は仕事を探しているのかも知れない。

週末はいつも、路上図書館を開くために、あるいは一七日集会に家族を誘うために橋の下へ通い続けた。

ある日、若い女性のロゼルが橋の下で自身の一八歳の誕生日のお祝いをした。私も招待された。ギターを弾き、大声で歌っている若者が大勢いた。ロゼルの友人はパイナップル・ジュースとジンをミックスしたパンチと呼ばれる飲み物を準備した。運河沿いの通路に沿って椅子が並べられていた。私は椅子に座ってくつろぎ、演奏を聴いていた。と、その時、突然二つの手が私の眼をふさいだ。

「姉さん、だれだか分かる?」ロゼルがケラケラ笑いながら聞いた。私はできるだけたくさんの名前を思い出そうとした。メリンダ、ノラ、ロウェル、リカルド…。でも、どれ一つ当たらなかった。降参した。

手がどかされ、だれの手だろうと後ろを振り向く間もなく、挨拶代わりに頬にキスされた。メルセディータだった!

「もう若くはないって分かってるけど、ロゼルは私の友だちでさ。で、挨拶に来たってわけ」

彼女に座ってもらおうと椅子から立ち上がったが、彼女は私を椅子に押し返した。彼女は別の椅子をつかみ、私のそばに座った。しばらくの間、パーティーがどうなっているのか、上の空だった。メルセディータの家族のその後について聞くのに夢中だったからだ。

「ロゼリーナとロウェナ、そしてロザナは今、シルンガンにいるわ。でも、ほんの一時的になの。ひと月に何回か娘たちに会いに行けるのよ。ソーシャル・ワーカーには、仕事探しや橋の下以外の住む場所についても最新情報を報告してる」

「で、家は見つかったの？」

「まだ橋の下。前の大家さんが家から追い出してすまなかったってさ。ペディキャブのことがなければ…。でも私、彼のこと理解できるわ。仕事を探す間、彼の家にいてもいいって言ってくれたのよ」

「じゃあ、あなたの子たちも同じようにそこに住めないの？」

「無理よ！　本当に狭いんだから。三人入ったら、座って寝なっきゃいけないくらい！」

「あの子たち、シルンガンに送られてどう感じてるのかしら？」

「いい？　もうずい分前、この事については家族で話し合ったの。こういう事が起きるかもしれないって娘たちには言ってあったの。でも絶対に捨てないって約束したわ。私はあの子たちを愛してるし、あの子たちにはいい将来を築いてあげたいのよ」

「仕事探しの方はどうなってるの？」

「大家さんの娘さんがケソン市での仕事を紹介してくれてね。路上販売の雑巾を作る仕事。平日は私、そこで寝泊まりしてる。悪くはないわ。けど、もっといい仕事を探そうと思ってる。あなたの方はどうなの？　路上図書館はどうなってるの？」

答えようとしたとき、歌っていた若者グループの姿が私たち二人の目に留まり、誕生日パーティーに引きもどされた。彼らはロゼルのためにバースデー・ソングを歌っていた。メルセディータは私が答えるのを待たなかった。彼女は立ち上がり、歌っている人たちに加わった。私も参加し、心の底から歌った。

■注

（1）Silungan…タガログ語で「保護施設」の意。

友情のブレスレット

二〇〇〇年一二月。二、三週間でクリスマスになろうとしていた。通りや建物、教会、そして家々は飾りつけであふれていた。間もなく毎晩、子どもたちのグループが私たちボランティア・チームの家の前にやって来るだろう。そして空き缶で作った太鼓を手に胸を張って立ち、クリスマス・キャロルを歌うことだろう。教会では「シンバン・ガビ」(1)、あるいはお年寄りたちの言う「ミサ・デ・ガロ」(2)が行われるため、扉は夜明け前から開かれる。いっしょに夜明けのミサに参加しようと地域のたくさんの若者から誘われたことを思い出す。しかし、九日間も朝四時に目を覚ますことはちょっとできなかった！

人々が本当に忙しくなる季節だった。クリスマス・パーティーがほとんどあらゆるところで、そしてどんなところでも開かれていた。ショッピングと、名付け子や愛する子どもたちへの贈り物を包むラッピングの季節だった。

子どもたちに新しい服を買い与え、クリスマス・イブのテーブルをご馳走で飾ってノチェ・ブエナ(3)を過ごすことができるようにと、機会があればどんなアルバイトにも大勢の親が飛びつく時節だった。

フルタイム・ボランティアのチームは、チームの家に普段より長く詰めた方がいいかどうか話し合っていた。あるクリスマス・パーティーに参加したり、あるいは自らクリスマス・パーティー[4]を開催した後、その同じ日にまたどこかのクリスマス・パーティーに顔を出したりする家族もいた。すると、電話が鳴った。メルセディータからだった。声が弾んでいた。

「ちょっと早いけど、メリー・クリスマス！」

「ありがとう！　どうしてる？」

「上々よ。まだ橋の下だけど。あなた、クリスマスの日は家にいる？」

「何で聞くの？」

「あのね、クリスマスの日、シルンガンから娘三人を連れ出すことができるのよ。家族そろって、あなたのとこへ行けたらって考えてるんだけど。うちの子たち、あなたたちについて聞いてばかりくるの」

　この電話で、クリスマスの日は家にいて何かするいい理由ができた。

　クリスマス・イブは、クリスマスの日に特別に食べるレチェ・フラン[5]やメヌード[6]、羊かん、そして他の食べ物を料理するのに忙しかった。メルセディータや彼女の子どもたち、そして急に現れるかも知れない他の人たちのために準備したのだ。

　翌日のまだ早い時間、ミサを聞きに行く親子や名付け親を訪問しようという親子で通りはすでにあふれていた。私はこの日が好きになってきている！　だれもがとても幸せそうで誇らしく、だれもが顔に笑みを浮かべていて、すべてが美しく見えるからだ。蔓延する貧困もこの日ばかりは道をゆずり、人々は心配事を脇に置き、皆が一つに繋がっているかのようだ。かつてメルセディータが彼女自身にとってのこの日の意味について言っていたことを思い出した。

「クリスマスっていうのはお互いを許す日なの。隣人に贈ることのできるあらゆるギフトよりずっと大事なことよ。敵を許し、不和を忘れるの。キリストが生まれた日だからね。たとえ食べ物はテーブルにたくさんはないにしても、私たちは一つに繋がってテーブルを共にするわけ。どうしてかって言うと、何も食べるものがないっていつも子どもたちに言うことはできないから」

正午までにすべての準備が終わろうとしていたとき、ドアにノックの音がした。

「メリー・クリスマス！　マリガヤン・パスコ！[7]」

ロゼリーナだった。ロザナとロウェナが続いた。彼女たちは名付け親にするように、皆の手にキスしながら入ってきた。そしてメルセディータが入ってきて、私たちにハグして挨拶した。彼女の後ろには若い女性がいて、長女のマリテスよとメルセディータが紹介した。マリテスに会ったのは初めてだった。母親そっくりだった。

「私たち、先ず娘たちの名付け親のところに行ったんだけど、娘たちは早くここへ来たいって、もう大急ぎ！」メルセディータが声を上げた。

三人の娘さんにまた会えて、私はうれしかった。言葉にならなかった。彼女たちをただ眺め、まだ幼かった頃の仕草を思い出していた。何て美しい娘に育ったんだろう！　彼女たちはそろって、ソファーに座った。テーブルの上にキャンディーと本があるのを見つけると、各自が一冊ずつ取り、拾い読みを始めた。マリテスはダレーナのそばに行って座り、会話を始めた。時々、タガログ語に英語混じりで話しているのが聞こえた。

私は、彼女たちを昼食に招いた。いっしょに食事をし、笑いが部屋にあふれ、すばらしい時を過ごした。私たちはその後、ナティーとロリーがミニ・ワークショップで使う色鮮やかな糸を準備してある居間に移動した。このワークショップは、ギフトとしてお互いに贈り合う「友情のブレスレット」を作るというものだった。マリテスはことの外これが気に入った。何色もの糸をより合わせ、ずっとその作業に没頭していた。メルセディータも一つ作り始めたが、途中で娘のロゼリーナに任せてしまった。彼女たちといっしょにいる間、私はずっとメルセディータの息子のファニートとロベルトソンのことを考えていた。でも、その子たちのことについて彼女に聞こうとはしなかった。クリスマスということの日に彼女を悲しませることになるのを恐れたからだ。いつかまたでいいだろう。

他の場所からやって来た子どもたちやその親たちもいた。私たちの知る家族が違ったかたちで会い、一つに繋がり合う良い機会だと思った。午後遅くになって、メルセディータは子どもたちに橋にもどる準備をするよう告げた。子どもたちは明日、シルンガンにもどるのだ。ワークショップの部屋には他の場所から来た子どもたちがまだ残っていて、ロリーとナティーが相手をしていた。一方、ダレーナと私はメルセディータの家族を家の門へと送っていった。別れ際、彼女は私たちの手を取り、感謝をこめて言った。

「私、クリスマスには子どもたちをどこか別の場所に連れて行きたかったの。今日、子どもたちには楽しい思いをしてもらいたかったから。それが、この子たちをここへ連れて来た理由。ありがとう」

そう、そこは違う場所だった。橋の下とも、保護施設とも違う場所だった。だってあの日、彼女たちは一つに繋がっていたから。私たちは一つに繋がっていたから。

あの日、本当にクリスマスだった。

■注

（1） Simbang Gabi…「夜のミサ」の意。たいてい一二月一六日から二四日までの九日間、早朝三時から五時の時間帯に行われる。
（2）Misa de Gallo…「一番鶏のミサ」の意。シンバン・ガビの最終日であるクリスマス・イブの早朝に行われるミサ
（3）noche buena…スペイン語で「聖夜」の意。
（4）ほとんどの住民がお互いに見知っているような教会やスラム、小さな町でクリスマス・パーティーが開かれる場合、トラブルを起こさない限りはだれでも自由に参加できる。また、政治家やＮＧＯなどが主催するクリスマス・パーティーはだれにでも開放され、たいてい最後にプレゼントが贈られる。恵まれない人々にとってこれは、クリスマスを楽しむまたとない機会となっている。
（5）leche flan…練乳がたっぷり入った濃厚な甘さのプリン
（6）menude…豚肉と豚レバー、ジャガイモ、パプリカなどをトマト風味のスープで煮込んだ料理
（7）Maligayang Pasko…タガログ語で、「メリー・クリスマス」の意。

安定した仕事

ある朝、事務所で他のフルタイム・ボランティアといっしょに掃除していた。新年を迎え、いいスタートが切りたかったからだ！　来客はまったく予想していなかったので、事務所の玄関先にメルセディータがいたのには驚いた。「新年おめでとう」と彼女は挨拶した。

「市役所に行って、仕事を申し込んできたの」彼女は言った。

「ケソン市での仕事はどうしたの？」私は驚いて聞いた。

「あんまり安定した仕事じゃなかったのよね。市役所に私向きの仕事があってさ。なかなか良さそうだし。政府の仕事だから」

「で、採用されたの？」

「ええ、仕事着を買う必要があるのよ。ただ、買うお金が全然なくって。少し貸してもらえるかしら。いったん働き出したら、返すから」

彼女に背を向けられるだろうか？　彼女にとってはチャンスで、かなり安定した仕事なのだ。生活を変えられるかも知れない。しかし、私たち相手に借金漬けにはしたくない。却って事を複雑にしてしまうから。

「私たちからの寄付ということで、半分なら持つことができるわ。でも、もう半分については他を当たってもらいたいんだけど」私はためらいがちに言った。

メルセディータは静かにうなずいた。彼女の経済的な必要すべてに応えることはできないということを分かってくれたようだった。彼女はお金を受け取り、他の伝手を求めて出かけていった。

数週間後、橋の下で私はメルセディータを探していた。どうにか仕事に就くことができたのだろうか。

「もうここには住んでないわよ。友だちの家に引っ越してったわ。鉄道線路の近く」近所の一人が教えてくれた。

「仕事、してるの？」

「ええ、マニラ北墓地にある公園を掃除してるって聞いたけど」

彼女はメルセディータが住んでいる家へ案内しようとしてくれたのだけれど、自分の子どもたちを学校に迎えに行かなければならなかった。

「来週、来てみて。今夜彼女に会ったら、あなたが探しに来たって伝えておくから」と彼女は話した。

どうしたかなと思いながら、私は橋を後にした。仕事は上手くいっているだろうか？今でも彼女は保護施設にいる子どもたちに会うことができているのだろうか？

次に橋に行ったとき、同じ近所のジョスィーに会った。彼女、メルセディータの新しい家までいっしょに行ってくれると言う。私たちは橋をわたって反対側へと向かい、もう一つの共同水道を過ぎ、鉄道線路のすぐ横を歩いて行った。何人もの母親や子どもたちと挨拶を交わした。母親たちは洗濯に忙しく、子どもたちはタライの水で水浴びしていた。

私は、二本の線路の間を歩くジョスィーについて行った。列車は見えなかったので危険はなかった。線路のすぐ両側に家々が建ち並ぶ、にぎやかな鉄道だった。子どもたちが遊び、大人たちがひっきりなしに線路をわたり、洗濯をする人がいて、食べ物やタバコを売る人がいた。ある家ではカラオケ曲すら流れていて、外にはマイクがあって人々が集まり、大声で歌っていた。別の家の前では近所の人の散髪をしている男の人がいた。

ほどなくして大音量の警笛が鳴り響いた。列車だ。ジョスィーは私の手をつかむと、脇に引っ張った。私たちは家の壁に張りついて立ち、列車が通過するのを待った。列車とはほんの数センチしかなかった！　それから人々はまた動き始め、椅子やテーブル、タライ、そしてペットさえもが線路にもどされた。次の列車が来るのは二時間後だ。

ジョスィーの後を歩き続けた。彼女は立ち止まり、バランガイ・ホール(1)近くの家を指さした。彼女はドアをノックした。若い女性が眠そうな顔で現れ、玄関先に座った。彼女は怪訝そうに私を見て、次にジョスィーに視線を移した。

「彼女、メルセディータに会いに来たんですけど、近くにいますか」ジョスィーが訪問の理由を説明した。

「いいえ。パサイ市にいるわ」

私は理解できなかった。メルセディータは仕事を変えたらしかった。

「彼女、まだ仕事をしていますか?」私は聞いた。

「ええ。ただ、マニラ動物園に転属になったの。今は週末も働いてる」女性はていねいに教えてくれた。

これはメルセディータが長いこと望んでいたことだった。住むことが許されると同時に、働くことができる場所だ。上手くいっているといいなと思う。


二ヵ月が過ぎた。橋の下や大通り沿い、墓地内での路上図書館の切り盛りで忙しかった。それぞれの地域の友人や若者が活動のスムーズな進行にいつも手を貸してくれていた。メルセディータにまた会いたいという気持ちは依然として心にあったが、それはちょっと脇に置かなければならなかった。取り組むべきたくさんの活動や目を離せない子どもたち、そして心配事に日々囲まれながら生きようとするメルセディータ同様の家族が他にもいたからだ。

ある日の午後遅く、事務所で物品を整理し、路上図書館用の本をきれいにし終えた若者や友人がちょうど帰って行ったところだった。私も帰り支度をしていたら、電話が鳴った。メルセディータからだった。声に力があった。

「新しい仕事に就いたの。気に入ってる。で、キリノにはもう住んでないのよ」

「ええ、近所の人から聞いてる。あなたの友だちの家に行ったんだけど、留守だったでしょ。でも、また引っ越したってことは知らなかったわ。今、どこなの？　動物園ってわけじゃないわよね！」と冗談を言った。

彼女は笑った。

「動物園に住むのは許可が下りないわ！　動物園は珍しい動物だけのものだもの！　真面目な話、動物園の近くなの。前と同じパサイ市よ。電気と水道がある小さな部屋を借りてる。仕事には歩いて行って、交通費を節約してるの。いつか動物園に来てみない？　いいところよ。もし来るなら、無料動物園ツアーをしてあげる！」

「悪くないわね。いつだったらいい？　ボランティアの仲間に聞いてみるわ。みんなも喜んで行くと思う」

「ええ、あなたたちみんなを招待するって伝えて。来るのは日曜日がいいかな。うん、日曜が一番いい。私を探すなら、メルセディータ・ビリャルで問い合わせて」

「なんでメンデスじゃないの？」私は聞いた。

「ビリャルは結婚前の名前なの。この仕事に応募したとき、結婚証明書とか書類をたくさん提出しなくちゃならなかったんだけど、結婚証明書がなかったのよ」

メルセディータのアドバイスに従い、ある日曜日にボランティア・チーム全員で動物園に出かけた。彼女は私たちを動物園の同僚に紹介し、私たちといっしょに過ごす数時間、仕事を代わってくれるよう同僚の一人に頼んだ。彼女は、ベンチが置かれた静かで日陰になった場所に私たちを案内してくれた。皆、いっしょに腰を下ろした。

「ここ、気に入ってる。同僚はやさしくてね。保護施設に預けてある三人の子たちのことを知ってて、私のこと理解してくれてるし」

「娘さんたちはどうしてるの？」私は聞いた。

彼女の顔がほほ笑みで輝いた。

「元気よ！　仕事が休みのときに会いに行くの。時々、あちこちに連れ出したり、いっしょに外食したりしてる。新しいアパートにも来たことがあるのよ」

彼女はポケットから財布を出し、新しいアパートで撮った三人の娘たちの写真を見せてくれた。写真にはマイクを握ってテレビの前で歌っているロゼリーナが写っていて、ロウェナとロザナが大きな笑顔を浮かべて彼女をハグしていた。

その写真を見ながら、メルセディーナが言った。

「今、みんな学校にもどったの。三人ともよ。シルンガンにいるから可能なわけで、うれしいわ」

「それを聞いて、私もうれしいわ。他の子たちはどうなの？　何か知らせはあった？」

一瞬、彼女は黙りこんでしまった。彼女は、周りを歩いている人たちを見た。そして笑みを浮かべ、三人の娘たちの写真を財布にもどした。

「マリテスを覚えてる？」彼女は聞いた。

「ええ、一番上の娘さんでしょ。彼女、仕事はどうしてる？」

「あの子、つい最近結婚したの。で、仕事は辞めちゃった。今、ジープニーのドライバーをしている旦那とパラニャーケ市に住んでる」

彼女はファニートとロベルトソンについては一切口にしなかった。彼女は勢いをつけて、さっと立ち上がった。

「みんなでここに来てくれて、すごくうれしい！　ちょっと歩かない？　ここにいる動物を見せてあげる。同僚の何人かが檻を掃除してるのよ。私はトイレ掃除の方が好きかな。中に入るときはビクビクだけど、その後は出ることができなくなっちゃう！」

動物園を巡り歩いて過ごした午後の時間はすばらしかった。とても大きな檻の中の何羽もの巨大な鳥やたくさんの子どもたちが目を輝かせるたった一頭の象を見物した。動物園はあらゆる年齢の人たちでぎっしりだった。いつまでもメルセディータをつかまえておくわけにはいかなかった。仕事にもどらなければならなかったからだ。彼女は門まで私たちを送ってくれた。別れ際、彼女は手を振って叫んだ。

「都合のいいとき、また来てよね！　ちょくちょく電話するね！」

■注

（1）barangay hall…町役場

遠足

「海水浴に行く日って、いつ？」

「うちの子たち、みんな行ってもいいの？」

「お弁当、持ってった方がいいかな？」

これは、「学びの一ヵ月フェスティバル」[1]を通じてたくさんの家族から止むことのなかった質問だ。私たちは一つの地区に一週間毎日出かけ、一ヵ月で四つの地区を回っていた。それぞれの地区の友人や若者たちがほとんどの活動を運営した。活動の多くは、間もなく始まろうとしていた学校[2]に関してのものだった。これは、若者たちのアイデアだった。若者たちは、このイベントを通して地元の子どもたちが学校に行く心の準備をし、学校に行くことについて考える手助けになればと望んでいた。

「教科書とかノートを入れるバッグを子どもたちと作ることができるんじゃないかな。通学用カバンを買う余裕がある家庭はあまりないから」

「博物館の見学に行くべきよ。フィリピンの歴史について学ぶことができるわ」

アイデアは次から次へと出た。

ワークショップで使う材料を見つけに、私は大きな公営市場に何度か通った。本当に消耗したが、でも楽しかった。若い人についていくには、大変なエネルギーが必要だと思った！

その月の最後、ビーチに行くというプロジェクトがあった。夏季であることを利用し、日々の生活に追われている家族が普段の環境を離れて美しい景色を見るためだ。とりわけ皆が一つに繋がろうというのが目的だった。だれがこの遠足に参加するかが大きな問題だった。

「もし親に来てもらいたいんだったら、子どもたち全員を連れて行かなくっちゃ。自分の子どもたちの中から一人だけとか、二人まで連れて来てなんて頼めないでしょ！」

これが若者たちの議論の中心議題だった。彼らは参加者たちと同じ地区に住んでいたので、だれが参加すべきでだれは参加できないという選択はしたくなかったのだ。不満を聞きたくなかったし、地元で面子を失うことになるのも嫌だった。結局、だれでも参加していいと決まった。私たちはバスを四台借りなければならなかった。パコとヒラム、マニラ北墓地、そしてキリノ大通り橋方面に一台ずつだ。

橋の下で、私はロゼルといっしょに親からサインをもらう用紙を手に、家から家へと巡り歩いていた。そこでメルセディータを見つけ、私は驚いた。

「ここに住んでる友だちのところに来てるの。後でシルンガンに行って、娘三人と会うつもり」

彼女は、私が持っていたビラの束と、親にわたすから一枚ほしいとせがんで私たちの後をついてくる子どもたちに気づいた。ロゼルは子どもたちに、まず親に話す必要があるから家で待っているようにと言って聞かせていた。

「この子たち、どうしたの？　何、このビラ？」メルセディータが聞いた。

「遠足でビーチに行くのよ。「学びのフェスティバル」が四つの地区でちょうど終わったところなの。で、子どもたちの親と遠足について話すためにここに来たってわけ」

「すごーい！　ビーチに行かなくちゃ夏じゃないものね。うちの子たちがここにいなくて残念だわ」

「でも、良かったら、娘さんたちも来ていいのよ」思わず私は答えていた。

私はロゼルの反応を待った。リストは参加したい人たちでいっぱいになっていたので、彼女は賛成ではないかも知れないと思ったからだ。メルセディータの娘たちは保護施設に入っていて、どの活動にも参加していなかった。彼女たちを知っている橋の下の子どもたちは、また彼女たちに会えればうれしいだろう。しかし、ロゼルは何も言わなかった。ビラをくれとシャツを引っ張ってまとわりつく子どもたちに気を取られ、その対応で手一杯だったからだ。

メルセディータは断らなかった。

「ぜひ行きたいわ。休みを一日もらえると思う。今日の午後、遠足の日に娘たちの外出を認めてもらえるかどうかソーシャル・ワーカーに許可をお願いしてみる。バスはここへ来るの？　それとも事務所に行けばいいの？」

「ここに来るわよ。朝八時までには出発しようと思ってる」

「いいわね。ビーチに着いたとき、まだそんなに暑くなってないし。もし娘たちが来れるようなら、前日のうちにここに来てることにするわ。リアのところで泊めてくれると思う。リアの子たちも行くの？」

「と思うわ。リストに名前が載ってる」

「参加費は？」

「遠足の寄付は一家族一〇ペソよ」

「今、わたした方がいい？」

「それでもいいけど、全員バスの席に着いたら集金するつもりなの」

メルセディータはすぐに二〇ペソをポケットから出して、言った。

「もう一〇ペソは、何か問題があったときのために取っておいて」

お釣りを受け取るように強く言ったけれど、彼女は受け取らなかった。ロゼルは私を押し止め、買わなければならない薬の代金に回したらと提案した。

遠足の日が来た。朝の四時という早いうちに、若者たちと友人たち何人かはすでに事務所にいた。バス一台一台の救急袋の準備があったからだ。目まいや頭痛、下痢の錠剤、そしてバスに乗っていて吐くかも知れない人たちのためのビニール袋がたくさんあった。

五時半、四台のバスが次々と到着した。バスにはそれぞれ大きな紙がフロントガラスに貼られていた。そこには、こう書かれていた。

「ATD第四世界・特別ツアー」

私たちは八人いたので、それぞれのバスに二人ずつ分乗し、参加者が待っている四つの地区に向かった。私は、ロゼルと橋に向かった。遠くから、バスが着くのはまだかと首を長くして待っている参加者が見えた。彼らは飲み水の入ったジャグや調理鍋、バッグ、ラジオを持っていた。私たちが近づいて来るのが見えると、子どもたちは飛び跳ねて叫んだ。

「来たぞー！　バスが着いたぞー！」

またたく間に大通りは参加者であふれた。参加者がバスに乗る前に、ロゼルは参加証の提示を求めなければならなかった。彼女は注意深く、リストに載っている子どもに間違いないか、親が付き添っているか、あるいは少なくとも子どもたちの面倒を見ることのできる大人がいるかどうかチェックしていた。彼女はすべて心得ていた！　メルセディータを探していたら、リアの子どもたちが目に留まった。

「メルセディータ、見た？」私は尋ねた。

「うん、うちに泊まったよ。いっしょに行くよ」

すぐにメルセディータが娘のロザナを連れて橋の下から出てきた。ロザナは具合悪そうだった。

「はしかなのよ。でも、今は良くなったみたい」

「ロゼリーナとロウェナはどこ？」

「来れないのよ。今日、あの子たちもビーチに遠足なんだって。後援者たちの企画。ロゼリーナとロウェナは、後援者たちの前で歌とダンスの発表に参加するの。ロザナは参加しないから、来たってわけ。あと、リアと旦那は今日仕事があってさ。彼らの子どもたちは私が面倒を見るからって言ってある」

これを聞いて少しがっかりしたが、彼女の前で顔に出すことはできなかった。メルセディータがここにいることこそ、一番大事なことだった。彼女は、他所の子たちがこの遠足を楽しめるよう助力することさえ惜しまないのだ。

通常、バスは定員六〇人だが、何と九〇人を乗せていた！　バス内では三人掛けの座席に五人が座っていた。親は子どもを膝に乗せていた。とても窮屈だったが、不満を口にする人はだれもいなかった。小さな子たちの中には、すでに水着を着ている子もいた。皆、早く出発して泳ぎたくて仕方がなかった！

バスが道路を走っている間、私は通路を歩き、ビニール袋を配って回った。一方、ロゼルは遠足の寄付を集めた。メルセディータが私を呼び、お祈りはしないのかと聞いてきた。

「この先、何が起きるか分からないでしょ。今日一日、安全に過ごすためよ」彼女は言った。

私立のカトリック校で仕事をしていた頃を思い出した。フィールド・トリップが毎年行われ、その最初の三〇分間、生徒たちと祈りを唱えるために教師はだれもがロザリオの祈りを覚えることが求められたのだった。

「あなた、お祈りをリードしてもらえる？」私はメルセディータに聞いた。

彼女はマイクを握り、今やっていることを少しの間やめてと皆に呼びかけた。彼女は目を閉じ、祈り始めた。ロザリオの祈りではなかった。それはとても伸び伸びとした、自然に湧いてくるような祈りだった。

「神さま、今日この日を、私たちが共にあることができるこの日を大変感謝します。私たちの遠出をお許し頂き、感謝します。神のご加護をもってお導き下さい。私たちの一人一人と私たちと共にあるすべての友人たち、バスドライバー、ＡＴＤの全メンバーを見守

り下さい。アーメン」

昼食時間前、私たちはすでにバタンガスのビーチにいた。バスのドアが開いた瞬間に海へと突進していった子どもたちに母親たちは声をかけつつ、鍋を取り出し、食事の準備をしていた。子どもたちを数時間泳がせる前に食事をしてもらいたかったのだ。

海は穏やかで、水はそれほど冷たくはなかった。プライベート・リゾートがいくつかある、見渡す限りの巨大な浜だった。私たちが陣取ったビーチでは、最高の泳ぎっぷりを見せようとする子どもたちに対して、声も限りの喝采とお腹の底からの笑いがあたりの空気を満たしていた。ギターを爪弾く男たちと歌う女たちがいた。メルセディータはそこにいた。預かった子たちや気分がまた悪くなるのを恐れて泳がないことにしたロザナを見守っていた。午後ずっと、ロザナは母親のそばを離れなかった。

私はメルセディータの近くに座った。そして、娘さん二人はいっしょではないけれど楽しめているかどうか聞いた。

「私の家族を呼んでくれてありがとう。ロゼリーナとロウェナがここにいてくれたら、どんなに良かったことか。あの子たち、間違いなく昔の友だちと会って遊ぶのを楽しんだでしょうから。施設の子たちと遠足を楽しんでいて、後援者たちがあの子たちの歌と踊りの発表を気に入ってくれたらと願うだけ」

メルセディータは、海からの風に吹かれる娘の髪を梳いてあげた。そっと、やさしく梳いてあげた。彼女は、娘たちがいつもきれいで、きちんとして見えてほしかったのだ。あの日、メルセディータとロザナは、友だちや近所の人と話したり、笑ったりして共に時を過ごした。家族の絆を強くする、本当に忘れられない時間になったのだった。

■注

（1）子どもたちを対象とした特別路上図書館で、より集約的な文化活動が行われる。

（2）フィリピンの新学期は、夏休み明けの六月に始まる。

手紙

二〇〇三年一月、私たちのよく知っている橋の下の女性が亡くなった。彼女の名はファニータ。**生命の石**での集会によく参加していた人だ。まだ大学生だった頃、彼女について初めて知ったときのことを思い出した。ＡＴＤのフルタイム・ボランティアが大学にやってきて、国際運動ＡＴＤ第四世界をスライド・ショウで紹介し、路上図書館への参加を呼びかけた。このプレゼンで橋の下で洗濯をしているファニータの写真が映され、そして彼女の声が続いた。

「一七日集会が来る度に、私はボスに言うんです。『人生は単に洗濯することだけではありません』ってね」

彼女が亡くなり、知り合いが最後の挨拶に来て別れを告げた。その中に、私への電話で彼女について話していたメルセディータがいた。

「彼女が亡くなったって聞いて、仕事先で半日休みをもらって橋に行ったの。うちの子たちがまだ小さかった頃、ファニータにはずい分世話になったから」

しかしメルセディータは、単にこの事を伝えるためだけに電話してきたのではなかった。

「事務所に行ってもいいかな？　大事な話があるんだけど」

「今日の午後？」私は聞いた。

「今日の午後はダメ。私、フアニータの娘さんと市役所に行って、彼女の母親の死亡届書を提出したり、お葬式の費用を工面する必要があるから。埋葬は来週まで無理だと思う。葬儀費用が足りないのよ。明日の朝、行ってもいい？」

彼女が現れたのは、もう昼食時になろうかというときだった。彼女はすっかり見違えていた。ずっと若く見え、きちんとした身なりをしていた。私は食堂での昼食に誘った。私たちは食堂の外、アカシアの木の下で食事した。暑かった。喉の渇きをいやそうと冷たいソフトドリンクを飲んだ。メルセディータもそうした。私は話し始めた。「昨日、電話で言っていた大事なことって何？」

メルセディータは私を見た。どこかためらいがちだった。

「ええと、地方選挙が近いこと、知ってる？」

「ええ、その事なら聞いてるわ。ここの地区の人たちから投票するかって聞かれたけど、私はマニラで登録してないのよね。投票違反したくないし！　あなたはどうなの？　投票に行くの？」

「ええ、私はパコに登録してあって、その事で来たの」

私は食べ始めた。時々彼女を見ながら、もっと詳しい説明を待った。彼女は続けた。

「マニラ市の現在の市長が私を動物園でのこの仕事に雇ってくれたの。で、今度の選挙には彼も立候補してるってわけ。もし落選したら、彼が雇った人たちは配置換えになったり、仕事を失うことになるかも知れないのよ。特に、私みたいに五年以上働いてない人間はね」

こうした事について聞いたのは始めてだった。しかし、公的機関では常に配置換えが起きているということは事実だ。これは、「再編」と呼ばれる。

「で、どうしたいの？」気になって、聞いた。

「同僚の一人が教えてくれたんだけど、市長に手紙を書いてみたらどうかって。なぜ私がこの仕事にふさわしいかとか、私の暮らしについてとか、保護施設にいる私の子どもについて市長に伝えてみたらって。でも私一人だけじゃ無理よ。あなたが手伝ってくれるかなって思って」

私は食事を脇へやり、メルセディータの頼みについてよく考えてみた。彼女は皿を寄せ、ライスをスプーンで取り、肉をフォークで刺して食べ始めた。彼女は私が話すのを待っていた。私は答える代りに質問した。

「どんな手紙にしたいの？　あなたの暮らしについてどう具体的に市長に伝えたいの？」

彼女はグラスの冷たい水を飲み、それから答えた。

「また仕事を失うことはできないってことを市長には理解してもらいたい。子どもたちをこの先ずっと保護施設に置いておくわけにはいかないもの」

そして彼女は押し黙った。食欲が失せたかのようだった。彼女は自分の皿を脇に押しやった。

「ファニートが橋の下の家から出て行ったとき、あの子は路上生活をして、ドラッグに手を出すようになったの。ある日、ソーシャル・ワーカーが彼を連れてって、リハビリテーションセンターに入所させてくれたわ。私、息子に会いに行って分かったの。薬物依存を断つためにセンターで暮らすってことが、どれだけ大変かってことが。あの子、私を責めるのよ。自分がこうなったのは私のせいだって」

彼女は深い痛みにわれを失ったかのように、口を閉ざしてしまった。

「私たちにとって、いい暮らしって何なのかな？　そんな暮らし、一体見つかるのかな？」

彼女は私に聞いた。

彼女は泣いていた。すすり泣くと同時に笑ってもいた。涙を拭くようにと、私はハンカチを差し出した。食堂から出てきた数人の人たちが好奇の目で私たちを見ていた。落ち着きを取りもどそうと、彼女はグラスの水を飲んだ。

「施設にいる子どもたちに会いに行く度に、いつ引き取るのかってソーシャル・ワーカーに聞かれるわ。いつまでも預かっておくわけにはいかないとか、私が負うべき責任を肩代わりしてるんじゃないとかよく言われる。あの人たち、母親としての責任を私が分かってないとでも思ってるわけ？　私、母親よ！　子どもたちと離ればなれになりたい母親がどこにいる？　もし今すぐ子どもたちを引き取って、何カ月か後で仕事を失うことになっちゃったら、私たち、どこに行けばいいの？　あの子たちには物乞いをしてほしくない。あの子たちは、学校を卒業してもらいたいの。私だって、いつまでも施設に置いときたくはないのよ。あの子たちは、施設から出してくれるのを待ってるわ。暮らしを変え、基礎を固める出発点に今ちょうど立ってるの。家族のために、明日食べるものがあるかどうか心配する必要のない暮らしがほしい。でも今の私、仕事を続けることができるかどうかさえはっきりしないんだもんね」

「私のこと、分かってない人は大勢いるわ。橋に行く度に近所の人たちが言うの。暮らし向きが良くなったわね。もう問題はないんでしょ？　手がかかる子どもはもういないのよねって。あの人たち、分かってない。毎晩、一人眠りにつくとき、私がどれだけ苦しいか。疲れて家に帰ってきて、でもそこには私を待っている子どもたちはいない。小さな部屋だけど電気も小さなテレビもあって、橋の下よりはいい環境よ。でもそんなこと、子どもたちがいなければ何の意味もない。いつか子どもたちといっしょになれますように、家族としていっしょに暮らせますようにって祈る以外、神さまには何もお願いしてないわ。少なくとも神さまが来て、私を連れて行くまではね。これって、フィリックスが抱いていた夢とまったく同じなの」

彼女はまだ涙をぬぐっていたが、少しでも話を明るくしようと笑った。しかし、それでも痛々しかった。

「ごめんね。いつも泣くばっかりで」彼女は言った。

「ずっと前からあなたを悩ませてきた事だからね。分かるわ。私が助けになれるんだったら、いっしょに市長に手紙を書いてみましょうか。今、書いてみる？」

「今は無理。今日の午後、シルンガンにいる子どもたちに会いに行かなくちゃならないから。来週の木曜はどうかな？　仕事が休みなの。この事務所に来れるわ。あなた、それでいい？」

「いいわよ。でもたぶん、それまでに市長に何を伝えたいのか書き始めておいてもらった方がいいんじゃないかな。そうすれば来週、いっしょにそれを読んで、何か加えることがあるかどうか分かるから。どう思う？」

「やってみる」

食事がすむまでの間、亡くなったファニータへの思いや彼女が来週埋葬されるにあたって、何を手伝ってあげれるかなど、他の事について話した。

市長への手紙を書くのを手伝いたかった。しかし、その時はやって来なかった。彼女はもどって来なかったからだ。おそらく仕事を続けるための別の方法を見つけたのだろう。そして彼女がもどって来るとき、そこにはようやくいっしょになれた三人の子どもたちもいることだろう。再会を期待して、ワクワクした。

変化

二〇〇四年一月。メルセディータが事務所に最後に来てから一年、そして私が国を出てから一年がたったこのとき、彼女と私は再会した。彼女の家族について私が書き始めていたことに目を通してもらい、この本を彼女とともに書き上げるためだった。私はそこに再びいた。彼女の家の戸口に座り、まるまる午後の間、過去の出来事や現在について語り合っていた。以前と同様、彼女は私を歓迎してくれ、自分の家族に起こっていることを話してくれた。

「あなたが行っちゃってからたくさんの事が変わったのよ」彼女はくり返し言った。

二〇〇三年七月、借りていた小さな部屋に支払っていた高額な家賃のことを知った友人の強い勧めで、メルセディータと子どもたちは橋にもどって来た。橋の下ではなく、橋のそばに。

「知り合いが彼の自宅近くの空地を無償で提供してくれたお陰で、本当だったら払わなくちゃいけない地代を浮かすことができたの」

今では一六歳になっているロゼリーナは、母親といっしょに暮らすために保護施設を逃げ出していた。彼女は学校をやめていた。数ヵ月後、鉄道線路沿いの友だちと暮らすために、彼女は橋を出た。

「あの子、時々私たちに会いに来るの。今じゃ、大人でね」

現在一一歳になるロザナは、保護施設を出た姉に続いて自分も施設から出してほしいと母親に頼んだ。彼女は過去一年間、ある財団から幸運にも奨学金を受けていた。

「あの子は今、その財団が経営する学校の四年生よ。他の親と同様、私も週に一度奉仕活動をやってるわ。学校を掃除したり、生徒たちの食事を準備したりしてね。娘は学校で本当に良くやってる。あの子、クラスの中で最優秀一〇人に入ってるんだから！　一つだけ心配なのは、健康。初期変化群[1]とかがあって、薬を飲まないといけないの」

現在一二歳のロウェナが保護施設から出たのは最後だった。彼女も四年生で、施設にいた頃に通っていた、その同じ学校に行っている。

「家ではよく手伝ってくれるのよ。あの子も学校ではかなり良くやってるわ」

一番上の娘のマリテスは、北カマリネス州の母親の実家に引っ越した。

「妊娠したんだけど、流産しちゃってね。その後、旦那とは別れちゃった。今、田舎で仕事を探してる」

ファニートはリハビリテーション・センターを出た。彼は今、ブラカン州に住み、そこでアイスクリームの製法と販売の仕方を学んだ。

「仕事、上手くいってるらしいわ。時々、私たちに会いに橋に来るのよ」

ロベルトソンはもうすぐ四歳、彼を養子にした家族と住み続けている。メルセディータと娘たちは時々、養母につき添われて学校[2]に行く彼が通りがかるのを見かける。

「夫のフィリックスにそっくり！　ヴィッキーとダニエルとの友だちづきあいは続いてるわ」

そしてメルセディータはどうしたか。

「市長に手紙は書かなかったし、動物園の仕事に残ることもできなかった。結核にやられて、辞めなくちゃならなかったから。仕事を辞めるときにもらったお金で小さな冷蔵庫を買って、家の前で小さな「サリサリ・ストアー（3）」を始めたの。お店が続くようにって助けてくれる友だちがいて、三人の子たちの面倒も見てくれてる。「サリサリ・ストアー」を持つのは、私の夢の一つだったのよ！」

数カ月後、メルセディータの結核が悪化したことを知った。ラグナ州に住む彼女の姉は、主に結核患者を治療する病院のケソン研究所にメルセディータを連れて行きたかった。彼女はまた、メルセディータを田舎に帰らせ、休養をとらせたかった。しかし子どもたちの学校のこと、子どもたちの世話をしてくれる人がいないことが心配で、メルセディータは橋を離れることを断った。

■注

（1）結核につながる恐れのある胸部リンパ節肥大

（2）フィリピンで「学校」と言うとき、それは保育園・幼稚園・小学校・高校・大学など全ての教育機関を指す。

（3）sari-sariとはタガログ語で「多様な」という意味。多様な商品を販売している店ということで、サリサリ・ストアーと呼ばれる。サリサリ・ストアーはフィリピン全土に約一〇〇万店も存在し、所得階層に関係なく全てのフィリピン人に親しまれ日常的に利用されている。タバコの一本売りなど、商品が小分けで販売され、ツケ払いができるなどの特徴がある。

エピローグ

現在、メルセディータの「サリサリ・ストアー」に商品はほとんどない。結核治療の薬を買うために、店にかけるお金の大半を使ってしまったからだ。ある地域団体が彼女を援助してくれているので、薬は飲み続けることができている。

メルセディータは、ある場所から別の場所へとまた引っ越さなければならないという危機に直面している。子どもたちが学校を続ける手立てが見つからないまま、悪くすると、病気のために自らの生命を失うということにもなりかねない。彼女はまたもや、家族の健康と子どもたちの教育、そして住居のどれを取るかという選択に迫られることになるだろう。これらの問題はどれも、互いに関連しているからだ。

たくさんの事が変化したけれど、同じ厄介事にいつも逆もどりするみたいだとメルセディータは語気を強めた。しかしその後、彼女はこう言った。

「こうした問題に囲まれても、私は負けなかった。ずっと闘い続けてきたし、これからも闘い続けるつもり」

これこそ、彼女が分かってほしい、理解してほしいと私に乞うたことだった。こうした問題に彼女はずっと音を上げなかったということ、そしてこれからもがんばり続けるということをだ。毎日を生きるために彼女や隣人たちが自らの内から引き出す強さやレジリエンスを彼女は理解してほしかったのだ。そして、もしも人々が彼女の案内で橋の下へと降り、スラムの諸問題を彼女同様に目の当たりにすることができたなら、きっと変化は起きる。そして彼女は、自分の夢に向かって道を拓いて行くことができるだろう。彼女が私に話してくれたように。

「私、人生で一度だけ幸せだったのよ。それは、今なの。子どもたちといっしょにいる今なの。あの子たちの中に自分の努力の成果が見えるのよ。仕事はないけど、でも負けない。私、娘たちがステキな服を着て、十分に食べれて、毎日学校へ行けるように必ずしてみせる。どれも、若い頃の私には縁がなかったことばかりよ」

二〇〇五年四月以降、橋の下に暮らしていた家族は立ち退かされ、市の開発プロジェクトを実施するために彼らの家は取り壊された。一家族当て総額五〇〇〇ペソ[1]が与えられ、住む場所を他に探すよう求められた。出身地にもどった家族がいた。一時的に親戚を頼って、マニラのどこか他の場所を見つけた家族もあった。子沢山の家族は子どもたちをあちこちの親戚に分散させ、面倒を見てもらわなければならなかった。橋の下以外に行く当てのない人たちは、廃材で小屋を作ったり、大通りや橋沿いに止めた手押し車で寝起きした。

雨が降ると、彼らは濡れないように橋の下に行った。キリノ大通り橋から家々は撤去されたが、しかしその住民が排除されることはない。

メルセディータ同様、こうした家族はある場所から別の場所へと移り、未だ生活を再建する本当の場所を見つけてはいない。彼らは、くり返しこの橋にもどってくるだろう。暮らしを立て、夢と希望をつむぐ機会を与えてくれたこの場所へと。

こうした家族同様、メルセディータも幸せな家族を夢に描く。いっしょに暮らすことができる家族だ。彼女は、子どもたちが危険な目に遭わずに育つことができる場所を夢に描く。子どもたちに明るい未来を約束してくれる良い教育を夢に見る。

これはメルセディータや橋の下の彼女の隣人たちに共通する夢だ。彼らは必死になってこの夢にしがみつく。いつか現実となるかも知れないからだ。

この物語を書いている間、私はあるイメージにずっと力づけられてきた。それは、顔に笑みを浮かべ、すっくと立っているメルセディータだった。そして彼女の後ろには、風に揺さぶられる竹林があった。

フィリピンではよくこう言われる。

「フィリピン人は竹と同じくらいしなやかだ」

しかし、竹は一本で育つことは稀だ。ひとかたまりになったり、群生して林となるのが一般だ。風が吹くと、同時に竹はしなる。しかし、竹はしなりながら互いにこすれ合って風の力を削ぎ、地面にふれることはない。そして再びそろって立ち上がる。

■注

（1）　現在のレートで一万円強

訳者あとがき

二〇一〇年夏、フィリピン・ツアーの参加者は浅川和也さん（東海学園大学教授）と福田紀子さん（清瀬市男女共同参画センター長）の案内でケソン市のパヤタス巨大ゴミ集積場に向かいました。一行がゴミ集積場近くに到着したとき、なぜかパトカーが入っていました。住民の話では、「何日か前に行方不明となった数人の子どもたちの一人が今朝、遺体となって発見された。遺体は両眼と心臓、腹部の臓器（腎臓か？）が切除され、一万ペソ（約二万円）が置いてあった」そうです。臓器移植ビジネスの犠牲者です[1]。

その晩、夕食を共にしたフィリピン人NGOの方によれば、「フィリピンでは近親者間の臓器移植のみが合法となって以降、こうした事件が多発。特に子どもの臓器は不足がちなため、被害に遭っても声を上げることのできない極貧層の子どもが狙われる」とのこと。報道の有無について伺ったところ、「こうした事件は多すぎて、ニュース性がない」と否定的でした。案の定、翌朝の紙面に関連報道は一切ありませんでした。

衝撃的だったこのパヤタスとともに、これまでマニラ市のトンド（スモーキーマウンテン）やアペロクロス（都市スラム）、バンコク市のクロントイ（港湾都市スラム）などを訪れる機会がありました。スラム訪問はいずれも、先ずは現地NGO事務所でスラムの現状および、教育支援や居住環境改善支援、収入向上支援、保健衛生・医療体制の確立などのエンパワメント諸事業について説明を受け、続いてＮＧＯの方の案内でスラムを見学。最後に住民宅、あるいはＮＧＯ事務所で住民自身からお話を伺うという手順で進んだと記憶しています。訪問する度に劣悪な居住環境に圧倒され、その時だけはスラムでの生活が分かったような気持ちになりましたが、滞在は精々二時間ほど。全体像は見えるはずもありません。

そして二〇一五年、マニラで偶然出会ったのが *Gold Under the Bridge A Story of Life in the Slums* でした。フィリピンの巨大モールでよく見かける National Book Store ではなく、街角のとても小さな、しかしその店名はとても大きな Solidaridad Bookshop（＝連帯書店）という本屋さんの書棚に並んでいました。*Gold* は、橋の下に形成されたスラムに身を寄せて生きる極貧の人々の日常を克明に伝えています。

二〇一七年八月、マニラのＡＴＤ事務所を訪問しました。ボランティア・チームの方から先ずはＡＴＤの主な活動について説明を受け、次にスラムの現況についてあらましをお聞きしました。

「スラム撤去に伴う再定住の促進は一九九〇年代初頭からくり返し実施されてきている。しかし再定住先はマニラから遠隔の地にあるため、いかに暮らしを立てるかということが昔も今も再定住者にとっては一番の問題だ。橋の下に暮らしていたときには、例えば橋の上のキリノ大通りを通る車のドライバーに飲み物やスナック、新聞、タバコなどを路上販売することで現金収入を得ることができた。あるいは洗濯やアイロンがけ、換金できるゴミ拾いの仕事もあった。しかし大都市から遠く離れた地では車の往来が少なく、洗濯やアイロンがけを頼めるほどゆとりのある家庭もない。また、大量のゴミも出ない。加えて、子どもの教育の問題がある。橋の下であれば種々のNGOから奨学金を得て制服や文房具などをそろえ、子どもたちは学校に通うことができた。しかし再定住先ではこうした支援を受けることは望めず、教育へのアクセスは断たれている。結局は家族のだれかがマニラまで稼ぎに行くものの一人の収入では追いつかず、往復の交通費もかさむとあってやがて暮らしが立ち行かなくなり、家族そろってマニラにもどってくるという状況が生まれている」。

その後、チーム・リーダーの案内で最初は鉄道線路沿いのスラムに向かい、代表の方からそこでの暮らし向きや子どもの教育について伺いました。続いて橋のそばの、かなり家々が密集した運河脇のスラム、最後に橋の下を巡りました。かつては一〇〇家族ほどが居住していた橋の下は徹底した撤去作業が行なわれた結果、わずか数家族が暮らしているだけでした。生活の場が橋の下から運河のすぐ脇、あるいは鉄道線路沿いへと数十メートル移動したに過ぎないのです。『橋の下』が世に出てからすでに十数年になりますが、極貧を生きる人々の暮らしは変わっていません。

ニナ・リム・ユソンさん（「国際運動ATD第四世界」会長）の「推薦のことば」をお借りし、「この物語があらゆる年齢の人たちに読まれることを望みます。特に学校で勉強し、私たちの未来を形づくる機会を持つ年若い人々に読まれることを望みます。経済的余裕はほとんどないのに、貧しい人々がいかに他人をケアし、愛し、シェアする寛大さを持ち続けるかということに私たちは学ぶことができ」るからです。

そもそもフィリピンへの関心は二十年あまり前、母方の叔母から手渡された一枚のチラシに始まります。チラシは、地元のＮＧＯ「若草海外育英資金」(2)がフィリピンの子どもたちへの支援を呼びかけるものでした。保育園と知的障害者施設の子どもたちに長く寄り添ってきてなお、目を海外の子どもたちにも向けていた叔母。後に聞いたところでは、自らも現地に足を運んでいたそうです。叔母は前へ前へと進む活動的な人でした。この遠い記憶が、私を *Gold* につないでくれたような気がしてなりません。

訳出を進める中、他界した母のことが度々思い出されました。メルセディータが母に重なったからです。母は父の死後、私たち幼い兄妹のために懸命に働きました。昼間はアルミ鋳物部品バリ取りの内職・町工場のパートタイマー・保険会社の外交・駄菓子屋の営業・下宿の賄いと少しでも良い収入の道を探り、夜は遅くまで婦人服の仕立てやズボン・スカートの寸法直しと働き詰めでした。「形倉さんのスーツのスカートは仕上がった」「(すでに片方の目は失明していて、残った目も思わしくなくて)雨の日は何となく暗く、糸の運びがままならない」「十時頃、旭町方面から来た人がズボンの裾上げを持って来た」「初音のスカートの直しを手掛けていると、大師の人がズボンの裾直しを持って来る」「斎藤さんと言ふ人がスカートの丈つめを三枚持って来た」「仕事をしていると何もかも忘れていられるので、やっぱり仕事を持っていると言う事は幸せそのものだ」と日記に残しています。

安普請ながらも住む家があり、手に職もあった母。対して家も仕事もままならなかったメルセディータ。貧しさの程度は比ぶべくもありません。ですが、「子どもに教育だけは」「教育がなかったら、貧しさから抜け出せない」との思いはメルセディータと同じでした。

訳出にあたり、フィリピンの諸事情についてはフィリピン・ダバオ市出身のJudy Saludesさんに、英文の解釈についてはイギリスのハンプシャー・ベイズィングストーク出身のDaniel Stevensさんにご教示頂きました。心から感謝申し上げます。

■注

（1）フィリピン全土にチェーン店を展開する大型書店

（2）山梨県南アルプス市若草地区を拠点に活動する「若草海外育英資金」は三十年にわたり、フィリピン・ルソン島の子どもたちの里親として活動を続けている。活動は一九八九年に開始。以前理事長を務めていた今村文匡さん（当時、法善護国寺住職）が戦跡巡拝にフィリピンを訪れたことがきっかけだった。現在、マニラ北方ヌエヴァ・ヴィスカヤ州の州都バヨンボン周辺に住む小学生から高校生までの約一〇〇人を支援。家庭環境が厳しくて満足に学校に通えない子どもを対象に、各家庭に月二千円程度の就学支援をしている。会費を活用し、これまでにバヨンボンでの図書館開設や勉強室の併設、養豚場の整備なども行っている。年一回は里子を訪問し、交流を深めている。

著者紹介

マリリン・グティエレス（Marilyn Gutierrez）

マリリン・グティエレスは「国際運動 ATD 第四世界」のフルタイム・ボランティアです。彼女がこの NGO 団体と最初に出会ったのは、フィリピン・ノーマル大学の学生のときでした。卒業後は私立 Colegio de San Pascual で教員として教えていましたが、週末になるとマニラのあちこちにある貧困地域で ATD とともに路上図書館を続けていました。１９９９年、彼女はフルタイム・ボランティアとしてマニラの ATD に参加しました。そして２００３年から「ATD 第四世界」の国際センターがあるフランスに移り住んでいます。本書の執筆以前、『貧困はいかに親子を引き裂くか－人権への挑戦』と題された研究書をユニセフのサポートを受けて共同執筆しています。

訳者紹介

泉　康夫（いずみ　やすお）

１９５３年生まれ
武蔵大学人文学部卒
著書に『タフな教室のタフな練習活動 ―英語授業が思考のふり巾を広げるには― 』（三元社）,『世界の現場を見てやろう ―映像と長文で広げる英語授業のふり巾 ― 』（三元社）

橋の下のゴールド

スラムに生きるということ

発行日　２０１９年３月 10 日　初版第１刷発行
著者　マリリン・グティエレス
訳者　泉　康夫
編集制作　ｗｉｓｄｏｍ萱森　優
発行者　株式会社 高文研
〒 101-0064 千代田区神田猿楽町 2-1-8
電話／ 03-3295-3415　ファックス／ 03-3295-3417
印刷＋製本　中央精版印刷株式会社

ISBN978-4-87498-674-5　C0036
http://www.koubunken.co.jp/